행복 세일즈

행복세일즈

김용일 지음

1판 1쇄 발행 ┊ 2009. 3. 16

발행처 ┊ **Human & Books**
발행인 ┊ 하응백
출판등록 ┊ 2002년 6월 5일 제2002-113호
서울특별시 종로구 경운동 88 수운회관 1009호
기획 홍보부 ┊ 02-6327-3535, 편집부 ┊ 02-6327-3537, 팩시밀리 ┊ 02-6327-5353
이메일 ┊ hbooks@empal.com

값은 뒤표지에 있습니다.
ISBN 978-89-6078-064-4 03810

별 도 따다 주는 남자 김용일의

행복 세일즈

| 김용일 지음 |

Human & Books

| 성공을 나의 것으로 만들고 싶은 모든 이들에게 |

세상에 존재하는 많은 성공들 중에 세일즈에서의 성공만큼 감격적인 것은 별로 없다. 누구나 꿈을 현실로 만들고 싶지만, 아무나 성공하는 것은 아니다. 그러나 성공으로의 길은 분명히 있다.

김용일 FSR의 이 책은 그래서 특히 반갑다. 경험에서 우러나와 생생히 살아 있는 내용이어서 나에게도 바로 적용할 수 있는 지침서이기 때문이다. 성공을 나의 것으로 만들고 싶은 모든 이들에게 일독을 권하고 싶다.

김성오 | 메가스터디 초,중등부 사장, 〈육일약국 갑시다〉의 저자 |

| 이 시대의 진정한 챔피언 김용일 |

김용일, 그는 친근한 막내 동생 같으면서 무척이나 서민적인 면모를 가지고 있다. 그동안 그와 함께 해오면서 그가 왜 영업을 탁월하게 잘하는지 여러가지 면에서 엿볼 수 있었다.

고객을 편안하게 해주면서 탁월한 달변으로 특유의 친근함으로 설득을 하는 그이기에 많은 고객들이 동의하고 계약서에 사인을 했으리라 생각한다.

이번에 출간된 이 책에는 김용일 FSR의 현장에서의 생생한 감동이 녹아 있다. 우리나라 최초로 전 세계 0.05% 에 해당하는 TOT 회원이 되면서 메트라이프 전 세계 챔피언이 되었을 때 많은 이들이 김용일이라는 이름 석자를 기억하게 되었다.

최근 들어 많은 보험회사에서 챔피언들이 단명하는 것과는 달리 비교적 오랜 기간을 한 회사에서 에이전트로 롱런하면서 많은 후배들에게 성공적인 롱런의 모델로서 비전을 심어주고 있다는 그 사실만으로도 김용일은 단연 두드러진다. 그의 경험과 비전이 생생하게 살아 있는 이 책을 통해 많은 것을 배울 수 있을 것이다. 벼랑 끝에서 도전하여 성공의 가도를 달리고 있는 그에게 진심 어린 박수를 보내주고 싶다.

원승현 | 한국 MDRT 회장 |

| 이 책을 읽는 모든 이에게 용기와 열정을! |

보면 볼수록 정감이 묻어나는 친구가 바로 김용일 FSR이다. 그는 초년의 여러 역경들을 딛고 일어나서 지금은 메트라이프를 대표하는 세일즈의 귀재로 거듭났다. 오늘도 어려운 환경 속에서 긴장을 늦추지 않고 열심히 뛰고 있는 업계의 모든 보험인들에게 다시 한 번 용기와 열정을 재충전하게 해주는 귀하고 소중한 책이다.

김종운 | 메트라이프 COO(수석부사장) |

| 단 1%라도 도움이 되는 세일즈맨 |

김용일이라는 사람에게 능력을 발견했던 적은, 새벽시장을 개척하기 위해 2

시 30분에 시장을 나섰다가, 한 여자 분에게 소금을 맞았던 경험을 껄껄 웃으며 이야기할 때였다. 5분만을 허락한 고객 앞에서 노래 한 곡을 호기 있게 부르고 나왔다는 이야기를 들었을 때였다. 힘든 경제 상황, 해약하는 고객 앞에서 평생 단 1%라도 도움이 되는 사람으로 남겠다고 같이 울었던 경험을 들었을 때였다. 그에게 실패라 불렸던 것들은 지금은 모두 성공으로 가는 작은 뒷걸음으로 기억된다. 실패를 성공으로 이끈 그만의 엄청난 용기와 열정을 이 책을 통해 많은 분들이 배우시길 권한다.

김병삼 | 메트라이프 CMO(영업총괄상무) |

| 보험업계의 새로운 이정표 |

김용일 FSR의 입사 이후의 실적을 보면 그야말로 놀라움을 금치 못한다. 입사 다음해 COT 회원, 2004년에는 Metlife International 챔피언에 최연소 TOT 회원, 2005년부터 2007년까지 3년 연속 TOT 회원, 2008년에는 COT 회원이 되었다. 또한 컨설턴트의 성실도를 따지는 주당 3건 이상 계약(3W)을 2009년 3월 현재 294주 달성하고 있다.

이것만 보아도 아는 사람은 입을 다물지 못할 정도의 실적이다. 이 책 원고를 보면서 왜 김용일 FSR이 그런 실적을 올릴 수 있었는가를 비로소 이해하게 되었다. 그 속에는 눈물겹도록 처절한 분투와 엄청난 노력이 있었던 것이다. 그렇게 산다면, 어떤 분야에서건 성공할 수 있을 것이라는 생각이 든다. 이 어려운 시절, 모든 이들이 이 책을 읽고 희망과 용기를 가지시기를 바란다.

김규태 | 메트라이프 서울총괄본부장 |

| 좌절과 성공의 드라마 |

지난 7년간 김용일 FSR를 가까이서 지켜보았다. 그는 프로 근성이 가장 뛰어난 프로 중의 프로다. 그가 책을 낸다고 하며 초고를 읽어보라고 주었을 때, 나는 그의 강인한 프로 근성 뒤에 엄청난 좌절과 혼돈의 세월이 있었음을 뒤늦게야 알았다. 이 책은 진솔하게 쓴 그의 좌절과 성공의 드라마다. 성공하고 싶어하는 동료와 후배들에게 귀감에 될 수 있게 정리한 이 책, 꼭 일독을 권한다.

김성환 | 메트라이프 STAR MGA 대표, 〈절대 긍정〉의 저자 |

| 세일즈의 바이블 |

담당 매니저(팀장과 지점장)로 바로 옆에서 지켜봐 온 김용일 FSR의 진면목을 그대로 담고 있다. 실전의 경험을 바탕으로 한 그의 이야기들이 흥미롭고 다채롭다. 그야말로 실전 전략과 전술과 그의 일거수일투족이 진솔하게 담겨 있어, 정말로 귀중한 ‘성공’의 노하우와 그만의 철학을 확인할 수 있었다. 세일즈에 있어 진정한 바이블이 아닐까 싶다. 꼭 세일즈가 아니더라도 자기 자신의 잠재 능력을 시험해보고자 하시는 분들에게 이 책을 권한다. ‘성공’이란 모두 똑 같은 논리이기에……

김수완 | 메트라이프 STAR MGA 신화지점 지점장 |

사람들은 살아가면서 자신에게 닥칠 리스크를 외면하는 경향이 있습니다. 아직 일어나지 않은 일이 실감 나지 않기 때문입니다. 제각기 짊어지고 갈 삶의 무게와 역할이 다르겠지만 그래도 우리의 인생은 확률의 범주를 크게 벗어나지 않습니다. 따라서 확률적으로 일어날 수 있는 리스크를 늘 염두에 두고 대비하며 살아야 합니다.

사람들은 꿈을 꿉니다. 꿈을 꾸면서 인생을 설계하지요. 간혹 자신의 능력에 닿지 않는 꿈을 꾸기도 합니다. 실현 불가능한 꿈은 말 그대로 꿈입니다. 망상에 불과하다는 말입니다. 실현 가능한 꿈을 다른 말로 바꾸면 목표가 됩니다. 나는 목표가 분명한 삶을 살고 싶습니다. 보험 세일즈의 길로 들어서면서 삶의 목표가 생겼고 내 꿈에 좀 더 가까워졌습니다. 내가 만나는 사람들, 나의 동료들과 후배들에게

이 글이 조금이나마 도움이 되었으면 합니다.

꿈이 무엇이냐고 물으면 막연히 연예인이 되고 싶다, 100억 이상을 굴리는 자산가가 되고 싶다고들 말합니다. 물론 누구나 연예인을 꿈꿀 수 있습니다. 100억이 아니라 1000억이 넘는 자산가가 될 수도 있습니다. 그러나 아무 노력 없이 거저 될 리는 만무합니다. 그 꿈을 이룰 만한 열정과 노력이 따라 주어야 하겠지요. 때로는 운도 따라 주어야 하겠고요.

열정도 노력도 없이, 더군다나 현재 자신의 위치에서는 실현 불가능한 꿈을 꾸는 건 문제가 있습니다. 자신의 꿈에 근접하려면 지금 자신의 언행이나 자산의 운영 형태를 고려해 실현할 수 있도록 조정해야겠지요. 불가능한 꿈을 현실적으로 조정하지 않고 실망부터 하는 사람은 작은 꿈조차 이루기 어렵습니다. 나이 들어 인생이 허무해지고 패배자처럼 느끼지 않으려면 꿈을 조정해야 합니다.

그러려면 우선 자신의 삶의 패턴을 점검해야 합니다. 이루고자 하는 꿈에 조금 더 가까이 가기 위해 자신이 할 일, 자신이 할 수 있는 방법을 찾아야 합니다. 절대 고통과 절대 시간을 부인하면서 절대 행복과 절대 달콤함을 추구하는 건 염치없는 일입니다. 자신의 팔자와 운 평계를 대는 건 우스꽝스러운 일이지요.

사람들은 쉽게 살고 싶어 합니다. 성공한 사람들의 삶이 쉽게 보이는 건 그 과정이 아니라 결과만을 보았기 때문입니다. 세상에 쉬운 삶은 없습니다. 내 주변의 성공한 세일즈맨들에게는 공통점이 있습니다. 그들은 한결같이 진실하고 성실했으며 끊임없이 노력했습니다.

나의 동료들과 후배들에게 강조하고 싶은 말이 있습니다. 최후의 한 번을 시도하십시오. 물은 99도에서 끓지 않습니다. 에베레스트 산 정상의 깃발도 최후의 한 걸음을 내딛지 않고서는 꽂을 수 없습니다. 언제나 부족한 건 마지막 1도, 마지막 한 걸음입니다.

정말 노력하는 사람에게는 그 드문 기적이 자주 일어나지만, 노력하지 않는 사람에게는 그 흔한 행운도 기적처럼 일어나지 않습니다.

이 책은 주로 현장 경험을 토대로 썼습니다. 프롤로그에서는 보험업계 입문까지의 과정을 간략하게 이야기 했고, 1부는 세일즈의 전략에 대한 저의 생각을 정리했습니다. 전략은 전쟁의 승리를 위해 전투를 계획하고 수행하는 것을 말합니다. 전체적으로 7가지의 전략으로 나누어보았습니다. 전략이 큰 그림이라면 전술은 전투 시 병력을 운영하는 기술을 말하는 작은 그림입니다. 이것은 세일즈를 할 때 고객을 사로잡거나 설득하는 실천적인 기술이면서, 현장에서의 임기응변의 원칙들입니다. 2부에서는 주로 이런 전술들을 다루고 있습니다. 물론 나의 전략과 전술만이 세일즈의 전부는 아닙니다. 이순신 장군은 조선 수군의 상황에 맞게 전략과 전술을 사용했고, 카이사르는 로마 군대에 적합한 전략과 전술을 사용했기에, 모든 전투에서 승승장구하면서, 전쟁을 승리로 이끌 수 있었습니다. 때문에 세일즈를 위해 이 책을 보시는 분들은 김용일의 세일즈 전략과 전술을 참고로 해서 자신만의 방법을 마련하시기 바랍니다.

　오늘의 나를 있게 한 많은 분들에게 고마움을 전합니다.

　귀한 시간을 내 진지하게 귀 기울여 주시고 쉽지 않은 선택을 해 주신 고객분들, 함께 일하고 있는 동료 여러분들……

　그들이 있었기에 '마지막 한 번'을 위해 다시 힘을 낼 수 있었습니다. 나는 행복한 세일즈맨입니다. 고맙습니다.

2009년 3월, 김용일

실패한 사업가에서 행복한 보험 에이전트로의 재탄생

우리나라 최연소 TOT 달성

2005년 4월, 발리의 메트라이프 행사장.

나는 그해의 주인공으로 단상에 올라섰다. 에이전트로서 최대 영예인 챔피언 상을 수상하기 위해서였다. 우리나라 최연소 TOT(Top of the Table) 회원이라는 영광스러운 타이틀도 함께 거머쥐었다. 꿈만 같았다. TOT 회원이 되려면 전 세계 보험 에이전트들의 명예의 전당 MDRT(Million Dollars Round Table; 백만 불 원탁회의)의 6배 이상의 실적을 올려야 한다. 나는 보험 일을 시작한 지 불과 2년 3개월 만에 이런 성과를 거두었다.

단상에 올라서니 그 자리에 오르기까지 겪었던 쓰디쓴 순간들, 달콤하고도 황홀했던 순간들이 주마등처럼 스쳐 지나갔다. 단상의 내 곁에는 아내가 이제 갓 돌 지난 큰아들을 품에 안고 있었다. 아들 녀석은 낯설고 들뜬 풍경이 몹시 어리둥절한 모양이었다.

단상 아래에는 나의 챔피언 수상을 지켜보고 계실 아버지, 그해 우수한 실적을 올린 각국의 동료들과 그들과 함께한 가족들이 자리를 가득 메우고 있었다. 눈물이 핑 돌았다. 이 자리에 오기까지 저 동료들 또한 얼마나 많이 거절당하고 무시를 받았을지 누구보다도 잘 아는 까닭이었다.

사장님으로부터 '챔피언 김용일' 이라고 새겨진 상패를 받았다. 박수와 부러운 시선이 내게로 모아지는 순간이었다. 수상 소감을 말할 차례여서 마이크 앞에 섰다.

"여기 계신 FSR(에이전트) 여러분들이 지난 1년 동안 받았던 거절의 고통을 존경합니다! 여기에는 많은 가족이 와 계십니다. 여러분이 해외에서 열리는 이 행사에 동참해 즐거운 시간을 보낼 수 있게 된 건 바로 여러분의 가족이자 저의 동료인 에이전트들이 1년 내내 노력한 결과에 대한 보상입니다. 그들이 모처럼 편안한 휴식을 누릴 수 있도록 옆에서 잘 도와주십시오. 오늘 이 상은 여기 모이신 여러 동료를 대신해 제가 받는 것이라고 생각합니다. 제 동료들에게 마지막으로 큰절을 올리겠습니다."

단상을 내려와 아버지에게 다가갔다. 평소 냉정하리만치 과묵한 편인 아버지의 눈가에 물기가 어른거렸다. 일일이 어려움을 호소하지 않았더라도 아버지는 내가 챔피언에 오르기까지 겪었을 일들을 환히 꿰실 터였다. 결혼하고 내 아이가 태어나고 보니 부모의 마음이 어떤 것인지 알 듯했다.

세상 모든 사람에게 칭송받더라도 가족의 지원과 사랑을 받지 못한다면 결코 성공한 삶일 수도, 행복한 삶일 수도 없다. 그런 의미에서 아내의 격려 한마디는 최상급의 찬사였으며, 세상 어떤 칭찬보다 큰 힘이 되었다. 가슴이 뭉클했다.

'역시 나는 운이 좋은 놈이로군.'

* * *

정말 그랬다. 솔직히 그해의 챔피언 등극은 고생의 대가라기보다 운이 좋았기에 가능했다. 3,500명에 이르는 메트라이프 에이전트들 중에서 나보다 더 열심히 발품을 판 동료가 왜 없었겠는가? 나보다 더 성실하게 상담에 임한 동료가 왜 없었겠는가? 용케도 그해에는 내가 그들보다 조금 더 나은 실적을 올렸을 뿐이다. 더군다나 그렇게 되기까지의 우여곡절을 생각하면 아무래도 행운의 여신이 내게 날개를 달아주지 않았나 싶다.

메트라이프 입사 후 전력 질주한 결과 2003년 들어 나는 사회 초년 생이었을 때 벌인 사업으로 진 빚 3억여 원을 간신히 갚을 수 있었다. 덕분에 2004년은 출발이 가벼웠다. 나는 내 어깨를 짓누르는 묵은 빚

을 청산했으니 앞으로의 성과급은 고스란히 내 몫이 될 수 있으리라
는 희망에 부풀어 있었다.

때마침 불기 시작한 순풍에 돛 단 격이랄까? 그해 5월에 나는 주위
의 부러움을 살 만한 계약을 성사시켰다. 월정액이 수천 만원이나 되
는 초특급 계약이었다. 그러나 의기양양하게 기뻐했던 것도 잠시였
다. 8월에 그 계약이 해지되는 사태가 발생하고 만 것이다. 비교적 적
은 액수의 해약에도 기운이 빠지게 마련인데 그 정도 규모면 거의 최
악의 위기랄 수 있었다. 당연히 내가 받은 커미션을 반납해야 했다.
그뿐 아니라 실적에도 적자를 가져왔다. 업계의 관례상 그 정도 규모
의 해약 건이면 퇴사를 고려해야 할 만큼 심각한 타격이었다.

겨우 살만해졌다 싶은 차에 터진 사고여서 손실을 메우기가 싶지
않았다. 이제는 5월에 올린 실적보다 더 큰 실적을 9월에 올려야만
수익이 발생할 상황이었다.

죽기 살기로 뛰는 수밖에 달리 방도가 없었다. 나는 8월의 해약 사
고 이후 그 손실분과 마이너스 실적을 만회하기 위해 새벽부터 늦은
밤까지 혈안이 되어 돌아다녔다. 식사는 불규칙했고 휴식은 엄두도
내지 못했다. 좋은 아버지는커녕, 잠든 아이를 잠깐씩 내려다보는 게
고작이었다.

그러던 어느 날 지친 몸을 이끌고 귀가했을 때였다. 시계를 보니
자정을 훌쩍 넘기고 1시가 다 되어가고 있었다. 그런데 현관문을 열
어 주던 아내가 문간으로 들어서는 나를 보더니 흠칫 놀라 뒷걸음질

을 치는 것이었다.

"왜 그래?"

"아뇨. 아무것도 아니에요."

아내는 내 얼굴을 제대로 바라보지 못한 채 말하기를 꺼렸다. 나중에 가서야 아내는 그때 내 핏발 선 눈빛이 너무 무서워 그랬다고 고백했다. 살기 같은 것이 느껴지더라는 것이다. 어쩌면 그랬을지도 모른다는 생각이 들었다.

그 무렵 나는 하루하루 악에 받치다시피 살았다. 잠자는 시간을 뺀 나머지 시간 대부분은 세일즈에 할애했다. 혼자의 몸이라면 또 모르지만 나는 한 가정의 가장이었다. 나에게는 겨우 걸음마를 뗀 첫 아이와 나만 바라보는 아내가 있었다. 그러니 일어서야 했다. 무슨 일이 있어도 거기서 무너져서는 안 된다고 나를 다잡았다.

하늘도 스스로 돕는 자를 돕는다고 했던가? 뛰고 또 뛰다 보니 9월에 이어 10월에도 연거푸 좋은 성과를 낼 수 있었다. 악몽과도 같은 상황에서 탄력을 받아 나는 새 계약을 추가해 나갔다. 처음 목표는 손실을 메우는 것이었지만 어느새 나는 손익분기점을 넘어서 있었다. 그뿐 아니라 연말에는 국내 1위와 인터내셔널 챔피언에 올랐다. 그야말로 행운의 날개가 아니고서는 도저히 불가능할 실적이었다. 극과 극은 종이 한 장 차이라는 사실을 절실히 깨달았다.

나는 훗날 그 당시 계약을 해 주신 분들을 만날 때마다 묻곤 했다.

"원장님, 그때 어떻게 저와 계약하실 생각을 하셨습니까?"

그분들의 대답은 비슷했다.

"아이고, 말도 말아요. 김용일 씨, 그때 그 계약을 안 해 주면 큰일 날 것 같은 분위기였지요."

"이제야 말이지만 꼭 해야 할 계약이라는 느낌을 하도 강하게 주는 바람에 얼떨떨하게 계약서에 사인을 하고 말았지 뭐요."

고마운 분들이었다. 내가 가장 큰 어려움에 처해 있었을 때 선뜻 나를 도와주신 분들이었다. 아내가 내게서 느꼈다는 살기와도 같은 절박함을 그분들도 알아챘던 것이다. 아마도 그분들 중 몇 분은 젊은 놈 하나 살리는 심정으로 계약을 하셨을지도 모른다.

그분들이 아니었다면 어찌 인터내셔널 챔피언 자리에 오를 수 있었을까? 챔피언은커녕 국내 1위 자리도 감히 오르지 못할 나무였을 것이다. 그분들과의 인연이야말로 내겐 진정한 행운의 날개였던 셈이다.

아직 젊은 나이이지만 나는 세일즈를 하면서 많은 것을 배워 간다. 고객을 통해 배우고, 위기를 통해 배운다. 절망을 통해서도, 희망을 통해서도 배운다. 배움이란 성숙의 다른 이름이라는 것도 배운다.

세일즈는 내 인생의 스승이기에 나는 내 일을 사랑한다. 챔피언 기념패를 볼 때마다 나는 스스로에게 되묻곤 한다. 이 일을 하지 않았더라면 내 인생이 도대체 어떻게 흘러갔을까?

나락으로 떨어지다

1996년 2월, 나는 대학 졸업과 동시에 장교로 군에 입대했다. 동기생 대부분이 재학 중 병역 의무를 마치고 복학해 취업 준비에 전념하는 상황에서 남다른 선택이었다.

나는 젊었고 건강했다. 장교 출신이라는 자부심, 절도 있는 훈련을 통해 쌓은 조직 적응력과 리더십이 나를 밝은 미래로 이끌어 주리라 굳게 믿었다.

하지만 2년 4개월 새, 세상이 확 달라졌다. 1998년 6월, 전역하고 사회로 복귀했을 때 대한민국은 IMF의 직격탄을 맞아 나라 전체가 휘청거리는 상황이었다. 명예퇴직과 정리해고, 생계형 범죄와 비관 자살 등의 어두운 뉴스가 신문과 방송을 오르내렸다.

당연히 취업의 문은 좁았다. 그러자 IMF라는 특수한 상황 속에서 젊은 인재들은 자신의 꿈을 펼칠 수 있는 새로운 실험 무대로 IT 관련 벤처 창업에 주목하기 시작했다. 나 역시도 취업보다 창업에 마음이 끌렸다. 그래서 군대에서 알게 된 선배와 의기투합해 조그만 사업을 벌였다. 그 선배가 동양철학과를 졸업했기에 선배의 전공을 살려 역학, 사주 정보를 제공하는 데이터베이스 솔루션 개발에 들어갔다.

사업은 순조로웠다. 이에 의기충천한 우리는 직원 수를 늘리고 규모를 확장했다. 5천만 원으로 시작한 자본금이 한때 5억 원으로 불어났다. 종업원 수도 33명으로 늘었다. 성공이 목전에 있는 듯 보였다.

그러나 IT업체 사이의 경쟁이 격화되면서 예상치 못한 위기에 봉착했다. 어쩌면 이미 예고된 위기였는지도 몰랐다. 경험 부족과 무리한 확장으로 부채가 늘어난 것이 실패의 원인이었지만 냉혹한 약육강식의 세상을 꿈과 의지만으로 뚫으려 했던 무모함이 진짜 원인일 수도 있었다. 우리는 수억 원씩에 이르는 부채를 안고 각자의 길로 떠났다.

하지만 이대로 주저앉을 수는 없었다. 내가 주저앉으면 나를 믿고 빚을 얻어 준 가족과 친구와 지인들에게 곧바로 타격이 돌아갈 게 뻔했다. 나로 인해 다른 사람들이 힘들어지는 건 견딜 수 없는 일이었다. 그것은 내 명예가 걸린 문제였다.

그러나 현실은 암담했다. 앞이 보이지 않는 안개 속이었다. 젊음도, 자신하던 건강도 도움이 되지 못했다. 가족이 있는 집으로 돌아갈 수는 없었다. 자존심이 허락하지 않는 귀향은 생각만으로도 끔찍했다. 그러니 어떻게든 버텨야 했다. 암중모색, 난국을 타개할 방법을 찾아내야 했다.

'그런데 어떻게 찾지?'

그 당시 나는 마포구 공덕동의 반지하방에 세 들어 살고 있었다. 나는 가파른 계단을 밟고 내려갈 때마다 생의 밑바닥으로 내려서는 기분이 들었다. 반지하방은 대낮에도 불을 켜야 했고 항상 곰팡이 냄새가 떠돌았다. 비라도 내리는 날이면 마치 물속에 갇혀 허우적거리는 느낌이었다.

수중에 돈 한 푼 없이 몇날 며칠을 지내는 일이 다반사였다. 요금을 내지 못해 가스와 전기가 끊긴 채 지내기도 했다. 마지막 남은 돈으로 꼭 필요한 컴퓨터 부품을 사고 나니 돌아올 차비조차 없었다. 용산에서 공덕동 지하 셋방까지 걸어오면서 주먹을 불끈 쥔 나는 이를 악물고 살아남아야 한다고 스스로를 다독이고 독려했다.

가을로 접어들었다. 반지하방은 습기가 많아 지상의 집보다 훨씬 빨리 쌀쌀해졌다. 어느 날 밤 돌아가신 어머니 생각이 났다. 어머니는 내가 군에 있을 때 담도암이 간으로 전이되어 돌아가셨다.

'항암 치료를 받았지만 미처 손쓸 틈도 없이 우리 남매 곁을 떠나버리신 어머니, 어머니가 계셨더라면…….'

어머니 생각을 하자 그만 마음이 약해졌다. 결국 이튿날 아버지에게 전화를 걸었다. 그 무렵 나는 아버지와 사이가 별로 좋지 않았다. 지금에야 얼마든지 이해할 수 있는 일이지만, 나중에 새어머니가 되신 분을 만나고 계셨기 때문이다.

"저예요, 아버지."

"응 그래! 웬일이냐?"

내 사정을 아실 법한데도 아버지는 냉정하셨다.

"저어, 아버지! 가스도 끊기고…… 반지하방이라 그런지 몹시 추워요. 조금만 도와주시면……"

"추워서 지내기 어렵다는 말이냐?"

"예……."

"그래? 그럼 얼어 죽어라! 못난 놈아!"

더 할 말이 없었다. 수화기를 내려놓은 나는 눈을 부릅떴다. 그러지 않으면 금방이라도 굵은 눈물이 뚝뚝 떨어질 것만 같았다. 못난 놈이라고, 스스로를 질책했다.

아버지가 미웠다. 아무리 형편없는 처지에 있다 해도 자식이 아닌가? 어머니의 빈자리에 아직 다른 분을 받아들이기 어려운 마음 탓에 서로 골이 깊어졌다 한들 그래도 하나뿐인 아들이 아닌가? 그 아들이 사업에 실패하고 냉방에서 고생하고 있는 마당에 위로는 못해 주실망정 얼어 죽으라니?

'어디 두고 보자.'

나는 각오인지 원망인지 모를 앙심을 품었다. 부모의 심정을 헤아리기엔 아직 철이 없었다. 눈앞에 닥친 절망의 늪이 깊고 깊어, 도리고 분별이고 아무짝에도 쓸모없는 거추장스러운 허울만 같았다.

재기의 발판을 마련하다

'쥐도 궁지에 몰리면 돌아서서 고양이를 향해 발톱을 세운다고 하지 않던가? 오냐, 좋다. 다시 한 번 힘을 내자. 죽을힘을 다해 세상과 마주 서자.'

아버지에게 품은 독이 오히려 약이 되었던 셈이다.

여기저기 떨어지지 않는 입으로 간신히 얼마간의 자금을 더 빌려 이번에는 유통업에 도전했다. 말이 좋아 유통업이지, 물건을 떼고 거래처를 잡는 일까지 혼자 이리 뛰고 저리 뛰었다. 숫제 보따리 장사나 다름없었다. 그러나 서글픈 마음을 품을 여유조차 없었다. 무조건 몸으로 부딪치면서 이윤을 내야 했다.

우선 동대문 시장으로 가 수입 상품을 많이 확보하고 있다는 도매 상점에 가서 물건을 뒤졌다. 시장조사치고는 주먹구구식이었다. 스타킹이나 가방류의 수요와 마진이 괜찮으리라 판단됐다.

상품 가치를 높이려면 제품의 질 못지않게 포장에도 신경을 써야 한다. 나는 지목한 품목으로 세트 제작을 의뢰했다. 홈쇼핑에 납품하려면 최소한 1,000세트가 기본이었다. 재고뿐이어서 망설여졌지만 다른 대안이 없었다. 무엇이든 팔아야 한다는 절박한 심정이었다.

이제 애초의 구상대로 홈쇼핑 회사로 달려가 판로를 뚫는 일이 남았다. 학연이든 지연이든 연줄이 닿을 만한 담당자를 찾아내는 일이 급선무였다.

세상은 넓다면 넓고 좁다면 좁은 곳이다. 다행히도 학군 선배가 홈쇼핑 회사에 근무하고 있었다. 물론 한 번도 만난 적 없는 이름뿐인 선배였다. 나는 다짜고짜 선배를 붙들고 통사정했다.

"선배님, 도와주십시오."

"자네 사정이 어려운 건 알지만, 이 아이템은 요즘 유행과는 너무 맞지 않고, 또 생소해서 어렵겠는데……."

선배는 난색을 표했지만 웬만큼 예상한 일이었다. 이 정도에서 물러설 것 같으면 찾아오지도 않았다.

"정말 안 되겠습니까? 생소한 아이템이 대박을 터뜨릴 수도 있잖습니까?"

"미안하네. 힘들겠어, 너무 모험이야!"

"그렇습니까? 그럼 이제 저는 죽는 길만 남았습니다. 도저히 저의 짐을 감당할 수가 없습니다!"

내 비장한 말투에 선배의 표정이 다소 누그러졌다.

"이 사람, 무슨 말을 그리 험하게 하나?"

"저로선 더 이상 물러설 곳이 없습니다. 얼굴도 못 들고 면목 없이 사느니 죽을 수밖에요. 죄송하지만 유서에 선배님 이름을 꼭 적고 죽겠습니다. 마지막 희망을 외면했다고, 세상이 원망스럽다고 말입니다."

"뭐라고! 이 친구 참! 사람 힘들게 하는구만! 여기 잠깐 있어 보게…… 내가 올라가서 최선을 다해볼 테니…… 참 나!"

"고맙습니다. 정말 고맙습니다."

우여곡절 끝에 드디어 첫 방송을 탔다. 쇼핑 호스트의 제품 설명이 나가는 동안 속이 바짝바짝 타들어가는 것만 같았다. 종교가 없는 나였지만 그 순간만큼은 간절한 기도가 절로 나왔다.

'제발, 제발 전화통에 불이 나게 해 주십시오. 여기서 무너지면 나

는 끝장입니다.'

물건을 구입하겠다는 전화가 걸려오기 시작했고, 시간 내에 준비한 물량이 다 팔려 나가는 성공을 거두었다. 안도의 한숨이 나왔다. 희망의 빛이 비치는 듯했다. 요즘처럼 홈쇼핑 입성이 까다롭거나 경쟁이 치열했다면 뚫기 힘들었겠지만 당시에는 그나마 선후배라는 인연이 유리하게 작용할 여지가 있었기 때문에 가능했던 일이었다.

그러나 그 작은 성공으로 만족할 만한 단계가 아니었다. 나는 동대문으로 달려가 다음번 납품 물량을 맞췄다.

홈쇼핑은 그런대로 반응이 좋은 편이었다. 밀레니엄 특수라고나 할까, 얼어붙었던 소비 심리가 조금씩 회복되는 기미가 보였다. 나는 홈쇼핑뿐 아니라 백화점 쪽으로도 판로를 개척해 나갔다. 그리고 1년 가까이 부지런히 발품을 판 결과 어느 정도 빚을 줄일 수 있었다. 그래도 사업 실패로 떠안은 빚을 다 갚기에는 역부족이었다. 워낙 손실이 컸던 탓이다.

그즈음, 그날그날 매출 실적에 따라 일희일비하며 혼자 동분서주하는 생활에 몸도 마음도 차츰 지쳐 갔다. 뭔가 숨을 쉴 만한 출구가 필요했다. 언제까지 하루하루 이자 갚기에만 급급한 생활로 청춘을 다 바칠 수는 없었다. 더군다나 아직 3억 가까이 남은 빚이 내 발목을 붙잡고 있지 않은가. 빚더미에서 완전히 탈출하는 일이 아득해 보였다.

재도약을 위한 선택, 일본행

뜻하지 않게 구원의 손길을 내민 사람은 아버지였다. 그때 아버지는 내 힘으로 일어서기를 원하셨기 때문에 일부러 모른 척하셨던 것이었을까? 그렇다면 절반은 아버지의 뜻대로 되었다고 말할 수 있으리라.

"일본에 가서 공부를 더 해 볼 생각은 없냐? 좀 더 넓은 세상을 경험해 보고 전공을 살려 경제학을 공부하고 온다면 좀 더 현실에 적응하는 데 도움이 되지 않을까 싶다."

"지금 제 상황에선 그럴 여유가 없어요. 아버지!"

"네가 그럴 생각이 있다면 내가 조금 도와주마. 학비나 생활비는 어차피 네 힘으로 해결해야 될 테지만, 정착 자금 정도는 어떻게 마련해 보마."

나는 곰곰이 생각했다. 여전히 빚더미에 앉아 있었지만 1년여 남짓 매달린 유통 사업에서 벌어들인 수입으로 아주 급한 불은 끈 시점이었다.

'그래, 조금 떨어져 내 현실을 바라봐야 하지 않을까? 공부도 하고 내 진로도 탐색해 볼 수 있는 좋은 계기일지도 몰라. 현실 도피가 아니라 한발 후퇴, 더 나은 미래로 재도약하기 위한 숨 고르기 말이야.'

나는 그렇게 나 자신을 타이르고 설득했다. 그러고는 짐을 꾸렸다.

가깝고도 먼 나라라는 말이 있듯이 일본은 모든 것이 익숙한 듯 낯설었다. 나름대로 단단히 각오를 다졌건만 유학 생활은 말처럼 호락 호락하지 않았다. 미국이나 유럽처럼 겉모습에서부터 외국인이라는 사실이 드러나진 않더라도 그곳에서 나는 엄연한 이방인이었다.

생활방식과 가치관이 달랐으며 언어의 장벽도 만만찮았다. 가장 큰 문제는 여전히 돈이었다. 아버지가 주신 지원금은 방을 구하고 최소한 필요한 살림살이를 장만하는 데 들어갔다. 한가하게 앉아 있을 때가 아니었다. 당장 생활비를 벌어야 했다.

게다가 몸은 떠나왔어도 내가 책임져야 할 채무까지 벗어던진 건 아니었다. 내 부채 대부분은 친척이나 지인들의 명의로 남아 있었다. 그들은 나를 위해 은행 대출을 받거나 보증을 서 준 고마운 사람들이 었다. 그들에게 내 채무를 떠넘길 순 없었다. 원금은 당장 어쩔 수 없 다 치더라도 최소한 이자는 꼬박꼬박 넣어 줘야 했다. 한 달 이자만 거의 300만 원 정도가 필요했다. 은행금리가 연 7-8% 선, 대출 금리 가 10-12% 선에 육박할 때였다.

해결책은 단 하나, 새벽부터 밤까지 닥치는 대로 아르바이트를 뛰 는 것이었다.

아르바이트를 전전하다

유학생 신분으로 할 수 있는 일은 뻔했다. 어느 날은 시부야 쪽의

러브호텔에서 청소를 했고, 어느 날은 공사장에서 비지땀을 흘렸다. 대학가에서 군고구마를 팔기도 했으며, 외국계 보험회사에서도 잠깐 일했다. 아르바이트 중에서는 새벽 어시장 일이 시급이 좋은 편이었다.

군고구마 장사는 후배랑 학교 주변 점포 앞을 세내 벌였다. 일본에도 군고구마가 있긴 하지만 썰어서 굽는 방식이다. 우리는 한국식으로 드럼통을 개조해 고구마를 통째로 구웠는데 나름대로 인기가 있었다. 군고구마는 따끈따끈할 때가 제일 맛있는 법이기에 대학교수들이나 학생들이 원하는 시간에 원하는 연구실이나 강의실로 배달도 했다. 장사는 그럭저럭 되었으나 시간 대비 이윤이 별로 없는 게 흠이었다. 결국 두 달 만에 장사를 접었다.

어시장 아르바이트는 가난한 필리핀 유학생이나 한국 유학생들이 많이 했다. 항구 가까이 정박한 원양어선에서 부두까지 작은 배로 참치를 실어 나르면 다시 우리 같은 날품팔이 일꾼들이 경매가 이루어지는 어시장까지 그 참치를 운반하는 일이었다. 참치는 조금만 상처가 있어도 상품 가치가 떨어지기 때문에 조심스럽게 다뤄야 했다.

한번은 참치 지느러미가 펼쳐지면서 날카로운 대에 입 안을 찔렸는데 상처가 깊었는지 출혈이 멈추지 않았다. 하지만 나는 그 상태에서 작업을 계속했다. 감독관에게 들키면 바로 치료를 받고 귀가 조치를 당해야 했기 때문이다. 그것은 해고를 의미했다. 그 좋은 일자리를 놓칠 수는 없는 노릇이었다.

피가 목구멍으로 쿨렁쿨렁 넘어갔다. 피비린내를 참으며 운반 수레를 밀었다. 어지럼증이 일면서 눈앞이 흔들리는 듯했다. 뭔가 심상찮은 상황을 눈치 챈 감독관이 내 작업을 제지한 덕분에 병원으로 실려가 응급처치를 받았다. 그 와중에도 나는 새로운 일자리를 찾아야 한다는 게 더 큰 걱정이었다. 하지만 감독관은 나를 해고하지 않았다. 부상을 감춘 채 작업에 매달릴 수밖에 없었던 내 처지를 동정해서였는지, 아니면 끝까지 자신의 일을 책임지려는 성실성으로 이해했는지 오히려 선처를 베풀었다. 아르바이트 일꾼들을 배치하는 업무로 전환시켜준 것이다. 일종의 승진이랄 수 있는 업무 이동이었다.

비교적 다른 아르바이트에 비해 급여가 좋다는 것 말고도 참치를 운반하는 일에는 부수적인 재미가 따랐다. 상품 가치가 없는 참치는 가끔 경매사에게 거저 넘겨지기도 하는데 그때마다 맛있는 부위를 선물로 나눠 받곤 했다. 생목으로 넘긴 피를 생각하면 진저리가 쳐지기도 하지만 지금도 참치 회를 좋아하는 건 이제는 그 고단했던 시절도 추억으로 되새길 수 있어서가 아닐까?

아르바이트에 매인 유학 생활. 몸은 고단했고 마음은 항시 쫓겼다. 그러고도 생활은 늘 어려웠기에 전전긍긍하던 한국에서의 일상을 일본에서 되풀이하고 있다는 생각을 떨칠 수 없었다. 어느 순간부터 그런 생활에 회의가 들기 시작했다.

가장 안타까운 건 공부가 뒷전으로 밀릴 수밖에 없었다는 점이었다. 여느 가난한 유학생들의 하소연처럼, 공부에 전념하자니 돈이 없고, 돈을 벌자니 공부할 시간이 없었다. 일본어를 익히는 데도 한계가 있었다. 밑바닥 일자리를 전전하다 보니 가벼운 의사소통 위주의 대화면 족했고, 거친 욕설 따위만 늘어갔다.

밤이 깊어 종일 육체노동에 시달린 몸을 누이면 처음의 목표에서 멀어지는 자신의 모습이 보이는 듯했다. 나의 미래가 베일에 싸인 것처럼 불투명하게 느껴졌다. 이 총체적 난국이 나로 인한 것임을 알면서도 왠지 인생이 불공평하게 여겨졌다. 억울하고 초조했다. 때때로 내가 감당해야 하는 어려움 자체보다 못난 생각에 빠진 자신이 한심하고 처량해 견딜 수 없었다.

그럼에도 나는 좌절하지 않았다. 좌절은 내게 금지된 단어였다. 너무 이른 나이에 패배의 쓴맛을 보았지만 그것도 공부였다. 좀처럼 줄어들지 않는 고생길이지만 그것도 공부였다. 공사판에서 등짐을 지는 것도, 엎드려 마룻바닥을 닦는 것도 공부라면 공부였다. 남들보다 일찍, 더 많은 공부를 하고 있으니 언젠가는 이 공부가 뒷심을 발휘하는 날이 올 것이라고 믿었다.

지금에 와서 그때의 엎치락뒤치락하던 심경을 털어놓고 있지만, 일본 생활이 내 인생에 중요한 전환점이 되었음을 부인할 수는 없다. 한편으로 생각하면 이전의 실패를 포함해 그 시절이 내게 없었더라면 지금의 나도 없지 않았을까 싶기도 하다.

어떤 하찮은 만남, 사소한 사건도 한 사람의 인간을 형성하는 밑거름으로 작용한다는 게 평소 내 생각이다. 더욱이 아르바이트를 전전하느라 다소 학업에 불충실했던 일본 유학이었을망정 소득이 없었던 건 아니다. 나름대로 다른 사회를 알았고 다른 세상을 경험했다. 그 경험을 통해 더 큰 세계로 나아가고자 하는 나 자신을 발견했다. 그리고 결심했다. 한국으로 가서 다시 시작하자. 내가 나고 자란 한국에서 더 큰 기회를 찾자. 나는 무엇이든 할 수 있다. 나는 여전히 젊고 어떤 난관도 뚫고 나갈 용기도 있다. 그렇게 나 자신을 위로하고 또 격려하면서 나는 한국으로 향했다.

내 인생을 바꾼 선택, 보험 세일즈

축구 팬들에게 2002년은 설레는 해였으리라. 내가 한국으로 돌아온 4월은 온 나라가 월드컵 준비로 한창 달아오른 때였다. 떠나오기 전의 일본 열도도 월드컵 열기에 휩싸여 있었다. 한국과 일본은 영원한 라이벌이 아니던가. 이 두 나라가 공동으로 개최하는 국제행사이니만큼 오나가나 떠들썩한 경쟁의 한복판에 서 있는 기분이었다. 하지만 나로서는 그 축제의 분위기가 달갑지만은 않았다. 골대로 빨려 들어가는 한 번의 슛으로 묵은 스트레스를 확 날려버리듯이, 내 묵은 부채를 한꺼번에 탕감할 방법이라곤 없었기 때문이다.

국내 경기가 안정되어 가고 있었지만 취업난은 여전했다. 더 이상 아버지의 지원을 기대한다는 건 염치없는 짓이었다. 이제 막 대학을 졸업한 어린 후배들 틈에 섞여 일자리를 알아보느라 분주하게 돌아다녔다. 구직난 속에서도 중소기업들은 구인난을 겪는다고 했다. 그러나 인기척에 꽁꽁 숨어 버린 갯벌의 낙지처럼 내 적성이나 전공에 맞는 일자리는 쉽게 찾을 수 없었다. 그렇다고 무작정 눈높이를 낮춘다고 될 일이 아니었다.

그럴 때 눈이 번쩍 뜨이는 광고를 보았다. 외국계 보험회사에서 에이전트를 모집한다는 광고였다.

'아, 이거다!'

나는 무릎을 쳤다. 일본에서의 경험이 되살아났다. 일본에 있을 때만 해도 한번 도전해 볼 만한 직업이라고 생각했었는데도 한국에 들어오자마자 잊고 있었다.

한국은 일본이나 미국과는 보험 환경이 다르다. 그냥 다른 정도가 아니다. 보험과 보험 에이전트에 대한 부정적인 인식이 지배적이라고 봐야 한다. 아니, 때로는 그런 불만이나 의혹을 면전에서든 등 뒤에서든 예사로 발설할 정도다. 실제로 보험에 가입하고 보험의 혜택을 받으면서도 쉽게 허물어지지 않는 편견이 존재하는 사회였기에 나조차도 직업으로서의 가능성을 깊이 생각하지 않았던 것인지도 몰랐다.

'그럼 지금이라도 직업으로서의 가능성을 생각해 보자. 우선 생각할 것은 내가 처해 있는 기막힌 상황, 일반 회사에 취직해 받는 월급으로는 도저히 역부족인 경제적 압박, 그로 인해 지난 몇 년간 한시도 자유롭지 못했던 현실, 그러나 단순히 돈 때문에 평생을 걸 직업을 선택한다? 또 그 돈이라는 게 보험 에이전트가 된다고 해서 저절로 생길까?'

무례하고도 무리한 생각이었다. 성심성의껏 노력한 만큼 수입을 올릴 수 있다는 게 큰 매력으로 다가오긴 했지만 그것 역시 김칫국부터 마시는 격이었다.

가장 신중하게 검토해야 할 부분은 고소득을 올려야 하는 다급한 상황보다도 나의 성격이나 기질일 터였다. 물론 극한 상황에 처하면 평소의 몇 배에 달하는 초인적인 힘을 발휘하는 경우가 왕왕 있듯이, 상황이 성격이나 기질을 압도하는 에너지를 만들어 주기도 하겠지만 말이다. 거기에다 지속적으로 초인적인 힘을 발휘하려면 다른 사람을 능가하는 근면성과 지구력이 있어야 했다.

나는 자신을 좀 더 객관적으로 돌아다보았다.

'나는 한자리에 앉아 주어진 업무를 해내고 월급을 받는 일보다는 무슨 일이든 저지르는 쪽이 아닌가. 내게는 창의적이고 도전적인 일을 하고 싶은 욕구와 야망이 있다. 그리고 젊고 건강하고 성실하다고 스스로 자부하지 않는가.'

나는 마음속으로 외쳤다.

'그렇다면 승산이 있다! 나는 해낼 수 있다!'

상위 5% 달성에 나를 세일즈하다

나는 국내 보험회사보다 한국에 들어와 있는 외국계 보험회사를 택했다. 외국계 회사라면 막연하게나마 보다 체계적이고 전문적인 교육이 선행될 것 같은 인상을 받았다. 일본에서 외국계 보험회사의 분위기를 조금은 겪어 본 이유도 있었다.

세 군데 면접을 봤고 그중 두 곳은 통과했는데, 지금 내가 몸담고 있는 메트라이프사만 난색을 표했다. 사실은 면접 자체를 거절당했다. 그러자 은근히 오기가 발동했다.

"면접도 보시지 않고 제 능력을 어떻게 평가하십니까?"

지점장은 내 아래위를 훑어보았다. 어이없어 하는 표정이 역력했다.

"김용일 씨, 면접 보러 온 것 맞습니까?"

그제야 나는 내 차림새에 문제가 있음을 알아챘다. 지금 생각하면 낯이 화끈거리지만 사실 그때 나는 전혀 면접에 어울리는 복장이 아니었다. 평상복이나 다름없는 등산복에 운동화, 아무렇게나 자란 머리카락에, 더욱 한심한 건 등에 메고 있던 당시 테크노백이라고 불렸던 플라스틱 소재의 배낭이었다. (지금 함께 일하고 있는 당시의 동료들도 나의 입사를 반대했었다.)

입사하고 정식으로 영업을 하게 되면 당연히 말끔한 정장을 차려입겠지만 '면접인데 어떤가, 하는 가벼운 마음가짐이었던 게 결정적인 실수였다.

"제 겉모습만 보고 판단하지 말아 주십시오. 저는 누구보다 잘해 낼 자신이 있습니다. 그러니 이 회사에서 꼭 일하게 해 주십시오."

나는 나 자신을 적극적으로 소개했고, 마침내 지점장의 마음이 움직였다. 그리하여 조건부로 입사할 수 있었다. 6개월 내 상위 5% 안에 들지 못하면 퇴사하겠다는 조건으로 물정 모르는 약속이었다. 나는 그만큼 무모했다. 그러나 자신이 있었다. 꼭 그렇게 해내리라고, 해낼 수 있다고 다짐에 각오를 더했다.

세일즈가 목표이자 목적인 회사나 조직이라면 대개는 명단을 요구한다. 직접 찾아가 말을 꺼내 볼 만한 사람이 몇이나 되는지, 말하자면 기존의 안면으로 들이밀어 볼 만한 사람이 몇이나 되는가를 알아보는 것이다.

영업 초반에는 지인 영업을 할 수밖에 없기에 인적 자산 수준이 어느 정도인지를 확인하는 것이다. 그래야 영업 실적을 가늠할 수 있기 때문이다. 회사에서 요구하는 숫자는 대략 200명 선이었다.

나는 내추럴마켓, 즉 인맥이 취약했다. 지방 대학 출신인 데다 직장 경험이 없었다. 겨우 서른한 살로, 세상사 이치를 웬만큼 안다고 할 나이도 아니었다. 사업 실패를 경험하면서 남들이 해보지 못한 인생 공부를 했노라 내세워 보았지만 그것이야말로 하룻강아지의 자만에 가까웠다.

입사 동기들이 부지런히 빈 칸을 채워 가고 있을 때, 나는 간신히 47명을 적어 냈다. 한심한 숫자였다. 보다 못한 팀장이 자신의 지인

들로 머릿수를 채워 주었다. 결국 상위 5% 달성이라는 조건부에다
이름을 빌리는 편법까지 동원한 입사가 되고 말았다. 시작도 하기 전
에 사기가 꺾일 판이었다.

'과연 잘해낼 수 있을까? 출발이 불안정한 만큼, 남들의 몇 배를 더
뛰어다닌다 해도 겨우 평균이나 해낼까?'

그럴수록 욕심이 생겼다. 다시 오기가 발동했다.

'상위 5%? 내 기어이 해내고 말리라.'

그렇게 나는 보험업계에 거의 떼를 쓰다시피 하면서 입문했다. 하
지만 이때만 해도 내가 무엇을 해야 할지 무엇을 하지 말아야 할지를
전혀 모르는 보험의 백치 상태였다. 하지만 이미 보험 세일즈라는 배
를 타버린 것이었다. 바람이 불면 돛을 순풍에 달고, 바람이 불지 않
으면 노를 저어서라도 나아가야만 하는 배, 내 인생의 전체 무게가
실린 배를 타고 험난한 파도를 헤치며 나아가야만 하는 배에 승선한
것이었다.

* * *

그 후 지금까지 상당한 세월이 흘렀다. 초창기에는 이런저런 시행
착오를 많이 겪기도 했다. 때로는 의기소침해지기도 했으며 스스로
를 자책하기도 했다. 하지만 보람과 감동을 느낀 기쁜 날도 많았다.
그러면서 점점 보험의 매력에 빠져들었다. 그리고 보험 에이전트로

서의 자부심과 사명감을 가지고 성공적인 보험 에이전트로 성장해 갔다. 주위 분들의 격려와 도움 덕분이었다. 때로는 충고와 질책도 나를 성장시키는 촉진제 역할을 했다.

이제는 내가 이 일을 하면서 배운 노하우를 보험업계에 새로 뛰어든 후배들과 나눠야 할 때라고 생각한다. 내가 느낀 보람과 감동을 함께 나누고, 고객분들에게는 완벽한 보장을, 후배들에게는 따스한 희망을 전해 주고 싶다. 모두가 행복하자는 것이다. 그것이 바로 이 책을 쓰게 된 동기이기도 하다.

* * *

나는 대학이나 사회에서 체계적으로 마케팅을 배운 적이 없다. 때문에 이 책에는 어려운 이론이나 논리적으로 딱 들어맞는 세일즈의 법칙이 없다. 하지만 나는 내 나름대로의 세일즈 마케팅의 비결이 있다. **그것은 발로 뛰면서 시행착오를 겪으면서 현장 속에서 스스로 적용하고 익혀나갔던 것들이다.** 때문에 이 책 다음의 내용은 보험 세일즈 실전 실천 전략과 전술이다.

세일즈맨은 야전에서 적과 전투를 벌이는 병사와 마찬가지이다. 적은 밀림 속에서도 어둠 속에서도 나타날 수 있다. 야전 병사는 몇 발 실탄으로 '돌격 앞으로'를 감행해야 한다. 때로는 폭풍우가 몰아치고 살을 에는 듯한 추위가 몰려올 수도 있다. 사막과 같은 환경 속에서도 전투를 해야 한다. 스스로와의 싸움도 중요하다. 또한 임기응변에 능해야 적을 잘 파악할 수 있다. 물론 전투는 적을 이겨야 내가 살아남지만 세일즈는 내가 이기면 고객도 살아남는다. 고객과 에이전트 둘 다 살아남는 전투를 하기 위해서는 이론보다는 실천이, 논리보다는 감성이 더 중요하다. 그래서 이 책의 내용은 현장에서 살아남기 위한 임기응변의 실전 교범이다. 물론 나의 많은 우수한 동료들은 자기만의 실전 노하우를 가지고 있다. 개인의 성격과 환경에 따라 전투의 내용은 달라질 수 있기 때문이다. 그렇기에 나는 이 책의 실전 노하우가 만병통치약이라고 주장하지는 않는다.

나는 이 책이 나의 동료와 후배들, 그리고 세일즈 업무에 종사하는 많은 분들과 나의 경험을 함께 하면서도 그분들에게 용기를 북돋아주고 위로가 될 수 있는 역할을 할 수만 있다면, 하는 간절한 마음으로 이 책을 썼다.

|1부| 

김용일의 세일즈 전략

PART1 세일즈 철학

당당하게 자신의 일에 대한
철학을 가져라

철학자가 아니더라도 사람은 자신만의 철학을 가지고 산다. 누구나 글이나 말로 내세울 만한 것이 못 되더라도 마음에 깃든 고유한 생각이 있게 마련이다. 우스갯소리로, 하다못해 개똥철학이라는 것도 있다.

나는 왜 사는가? 무엇을 위해 사는가? 나는 어떤 삶을 원하는가? 어떤 마음가짐으로 살아가는가? 내 삶은 아름다운가? 가치 있는 삶인가?

삶의 철학 없이 사는 사람은 살아 있으되 진정으로 사는 사람이 아니다. 그런 사람은 그저 숨을 쉬고 있을 따름이다. 초원의 동물도 온실의 화초도 숨은 쉰다. 하지만 영장류만이 생각하고 고민한다. 삶의 철학은 깊이 생각하고 오래 고민함으로써 길어 올릴 수 있는 한 바가지 맑은 샘물이다.

세상에는 시인이 있고 가수도 있다. 구두닦이가 있고 기업체의 경영자도 있다. 의사도 성직자도 보험 에이전트도 있다.

오늘날 같은 자본주의 사회에서 직업은 한 사람의 외양을 규정하는 척도가 된다. 시인, 구두닦이, 의사, 경영자……. 어떤 직업에 종사하든지 간에 그 일을 선택한 데는 그만한 사연이 있을 것이고, 그 일이 지금의 경지에 도달할 때까지 그만한 열정을 쏟아 부었을 것이다.

자신이 하는 일을 진정으로 사랑하는 사람은 자신이 왜 그 일을 하는지에 대한 질문의 답을 가지고 있는 사람이다.

내가 왜 시를 쓰는지, 내가 왜 노래를 부르는지, 내가 왜 하필 좁은 부스 안에서 남의 지저분한 구두의 뒷굽을 갈고 있는지.

자신을 하찮게 여기는 사람은 다른 사람들에게도 하찮은 대접을 받는다. 자신의 일을 하찮게 여기는 사람은 스스로 하찮게 여기는 그 일에서도 성공할 수 없다. 그저 돈을 버는 것이 성공이라면 어느 정도 목표를 충족할 수 있을지 모르지만 그런 성공은 공허하며 위안이 되지 못한다.

삶의 철학, 자신의 직업에 대한 철학이 있는 사람은 당당하다. 설령 남들에게는 초라하게 보이더라도 그는 이미 성공의 문턱을 넘어 자신의 꿈에 반쯤 다가가 있는 사람이다.

어느 책에서 읽은 이야기 한 토막이다. 작가는 횡단보도 앞에 서 있었고, 초등학생으로 보이는 여자아이도 횡단보도 앞에서 신호등이 바뀌기를 기다리는 중이었다.

때는 가을이라 낙엽이 도로 위로 어지럽게 날렸고 환경미화원이 긴 빗자루로 낙엽들을 도로 가장자리로 쓸어 모으고 있었다. 그런데 소녀가 갑자기 환경미화원에게 달려가 반갑게 인사말을 건넸다.

"안녕하세요?"

미화원은 얼떨결에 인사를 받긴 했지만 그 소녀를 잘 모르는 눈치였다.

"날 잘 아니?"

"아뇨. 우리 아버지도 환경미화원이세요. 그래서 인사를 드린 거예요."

작가는 그 소녀의 마음이 어찌나 예쁜지 한동안 눈길을 뗄 수 없었다. 어리고 철없는 마음에 아버지의 직업을 조심스러워 할 법도 했지만, 소녀는 밝고 거리낌이 없었으며 자랑스러운 말투였다.

어린 소녀의 아버지를 생각해 보니, 자식은 부모의 거울이라고, 평소 소녀의 아버지가 자신의 직업을 어떻게 대했는지 짐작이 가고도 남았다. 소녀의 아버지는 투철한 직업정신과 인생철학을 가지고 열심히 사는 가장, 딸에게서 사랑과 존경을 받는 성공한 부모이리라.

* * *

세일즈를 하는 사람은 반드시 자신의 철학을 가져야 한다. 성공적인 세일즈맨일수록 자신만의 철학이 분명하며 행동양식이나 습관에서도 남들과 차이가 난다. 깊은 산속에서 수양을 쌓은 도인처럼 내공이 팍팍 느껴진다. 그런 세일즈맨이라면 자기 스타일의 고객 관리 시스템이 제대로 작동한다.

보험 에이전트도 마찬가지다. 자신이 왜 이 일을 하는지에 대한 철학이 분명해야 한다. 보험 일이란 충만한 사명감이 필요하며, 강력한 내공이 뒷받침되어야 한다.

보험 에이전트는 고객에게 용기와 희망의 이름임을 잊지 마라

하늘 아래 존재하는 모든 직업 가운데 가장 성스러운 직업 세 가지만 고르라고 하면 나는 주저 없이 다음 세 직업을 고르겠다.

첫 번째는 의사, 두 번째는 성직자, 그리고 세 번째로는 보험 에이전트다.

의사는 아픈 사람을 치료하고 죽어가는 사람을 살린다. 모든 환자를 다 구해 낼 수는 없겠지만 많은 환자가 그들을 의지한다. 그들은 질병으로부터, 불의의 사고로부터 생명을 구하는 일을 한다.

성직자는 종교적 직분을 수행하는 사람으로서 신의 대리인이자, 절대자의 심부름꾼이다. 그리고 인간이면 누구나 누리고 싶어 하는 평온과 행복의 안내자다. 그들은 마음의 상처를 위로하고 고통 받는 영혼을 구원으로 인도한다.

　그렇다면 보험 에이전트는 어떤가? 보험 에이전트는 성직자나 의사처럼 영혼이나 육체를 구제하지는 못한다. 하지만 사람들이 위기에 처해 허우적거릴 때 구명조끼를 던져 주며, 사랑하는 가족을 잃은 유족을 돕는다. 그들은 절망에 빠진 유족이 힘을 낼 수 있도록 고인이 남긴 보장을 전달하며, 열악한 환경으로 떨어지지 않도록 고인이 남긴 최소한의 배려를 대신 전해 주는 존재다.

　그러므로 보험 에이전트는 위기에 처한 자와 살아남은 자의 육체와 영혼을 위해 무엇인가를 해 줄 수 있는 사람이다. 실제적으로 정말 소중하고 가치 있는 무엇인가를 만들어 줄 수 있는 사람인 것이다. 나는 내 생각이 틀렸거나 지나치다고 생각하지 않는다.

　예를 들어 30대 중후반의 가장이 있다고 하자. 그는 실력도 좋고 운이 좋아 대기업 과장으로 재직 중이며 연봉은 5,000만 원 선이다. 중소기업에 다니고 있거나 더 대우가 좋은 직장이더라도 연봉은 4,000만 원 내지 6,000만 원 정도에 머물 것이다. 월 400~500만 원의 수입이 적다고는 할 수 없지만 중산층 생활을 유지하려면 그것으로는 빠듯하다. 평생 월급을 모은다고 해도 집 한 채 장만할 수 있을까 말까다. 월급을 한 푼도 쓰지 않고 모은다면 가능하겠지만, 그렇다면 생활 자체가 불가능하다.

　이 가장은 애초에 부모의 도움을 기대할 수 없는 처지였기에 처음부터 자신의 힘으로 일어서야 했다. 집은 월세부터 시작해 전세로 늘

렸다. 그리고 주택부금을 부으며 언젠가는 내 집을 장만할 기회가 오리라는 희망을 접지 않고 있다. 한편으로 그는 자신의 미래가 보잘것없을지도 모른다는 사실을 알고 있다.

그는 교회에 다닌다. 주일을 지키고 기도도 열심히 한다. 어느덧 종교적 신념이 생기고, 신앙심이 돈독해진 그는 자신을 포함한 가족이 대체로 행복하게 잘 살고 있다고 믿는다. 그러나 운명은 때때로 가혹한 법. 어느 날 이 착실한 가장이 불의의 사고나 암으로 죽고 말았다. 하루아침에 수입이 없어졌을 뿐 아니라, 치료니 장례니 해서 빚까지 생겼다. 이제 그의 남은 가족은 살아갈 길이 막막할 수밖에 없다. 가장이 생존해 있을 때 사람이 살면서 현실적으로 일어날 수 있는 위험에 전혀 대비하지 않았기 때문이다. 이 부부는 아이들이 자랄수록 돈이 들어가야 할 곳은 많아졌지만 이에 비해 수입은 그만큼 늘어나지 않아 주택부금 외엔 달리 적금을 부을 엄두를 내지 못했다. 특정 보험은 물론, 종신보험 하나 들어 놓지 않았다.

사망한 가장은 돈독한 신앙심으로 영혼 구원을 받았다고 하자. 그러나 살길이 막연해진 가족의 영혼도 구원을 받은 것처럼 평화로울 수 있을까? 만약 그가 살아 있었을 때 그에게 보험의 중요성을 이해시킬 만한 에이전트를 만났다면 사정은 달라지지 않았을까? 가장을 잃은 슬픔을 대신할 수는 없더라도 그가 남긴 보장으로 절망의 구렁텅이에서 빠져 나올 힘을 얻어 용기와 희망의 싹을 틔울 수 있지 않았을까?

영혼의 구원도 육체의 부활도 보험 에이전트의 능력 밖의 일이다.

하지만 보험 에이전트는 보험 보장을 통해 자칫하면 경제적 몰락으로 이어질 수 있는 한 가정에 절실한 도움을 주고 유족이 더 깊이 상처받지 않도록 도와줄 수는 있다. 그것이 바로 보험 에이전트의 역할이다.

담배는 백해무익하다. 그러나 보험은 백익무해하다. 내가 아는 한 어떤 형태로 판매하든 가입자에게는 유리할 수밖에 없는 것이 보험이 갖고 있는 보장성이다.

자, 다시 예를 들어 보자.

연쇄 살인을 저지른 악한이 병이 들었다. 아무리 흉악한 살인범일지라도 의사에게 그는 손길이 필요한 환자일 뿐이다. 의사는 환자인 살인범을 치료하고자 최선을 다한다. 의사의 본분을 다하는 것이기에 그를 나무랄 수는 없다. 그러나 그 살인범에게 사랑하는 가족을 잃은 사람의 심정은 어떠할까? 부당하고 불공평한 자비로 느껴지지 않을까? 차라리 죽게 내버려두기를 원하지 않을까?

변호사도 살인범을 위해 변호한다. 죄는 미워하되 인간은 미워하지 마라는 말을 굳이 빌리지 않아도 살인범 역시 변호사를 선임할 권리가 있다. 하지만 피해자의 입장에서는 정서적으로 용납하기 어려운 권리로 생각될 것이며, 살인범을 위해 선처를 호소하는 변호사를 차마 무덤덤한 시선으로 보기는 힘들 것이다.

위의 의사나 변호사는 자신의 역할에 충실했을 뿐이다. 그렇지만 본의 아니게 피해자들의 상처를 더 후벼 파게 되기도 한다.

그러나 보험은 그렇지 않다. 오로지 가입자에게 혜택이 돌아가는 시스템이다. 많든 적든 가입자는 약정한 보장을 받으며, 가입자에게 불이익이 돌아가는 보험은 이 세상에 존재하지 않는다.

인생은 세일즈다. 인간은 누구나 자신의 가치를 인정받고자 한다. 자신의 가치가 타인에게 통용되기를 바라는 것이다. 내 가치가 타인에게 먹힌다는 것, 그것은 내 가치가 팔렸음을 의미한다.

보험 에이전트는 보험을 세일즈한다. 단순히 보험 상품을 판매하는 것이 아니라 보장을 판매한다. 보장을 판매한다는 것은 인생을 보장한다는 의미를 담고 있다. 남의 인생을 보장한다는 건 결코 만만한 일이 아니다. 이것이 보험 에이전트로서 철학이 중요한 이유다.

요즘 젊은 후배들 중에는 맹목적으로 세일즈 세계에 뛰어든 이가 적지 않은 것 같다. 직업관이 투철하지 못한 후배들, 계약에만 급급한 후배들, 단기간의 성과에 만족해 안주하는 후배들을 볼 때면 선배로서 안타깝기 그지없고 우려스럽다.

보험 세일즈를 비롯해 어떤 직업이든 긴 호흡과 길게 내다보는 안목, 지구력이 필요하다. 보험 세일즈는 특히 성실성과 지구력이 필요한 직업이다.

고객을 만나러 가기 전에 먼저 자신과의 대화를 통해 개인적인 미션이 무엇인가를 점검해 보라. 돈인가? 자아성취인가? 가족의 안락인가? 나는 내가 만나는 사람들에게 보장을 판매함으로써 그들의 육체와 영혼이 보다 평화롭고 안전하기를 진심으로 바란다. 이것이 나의 직업에 대한 소명이자 철학이다.

일본인들의 철두철미한 직업관

일본에 있을 때 느낀 점이다. 일본인들은 매사에 완벽을 추구하는 경향이 있다는 것이다. 그들 특유의 깔끔한 기질은 내가 일했던 공사판에서도 확인할 수 있었다. 그들은 제아무리 규모가 작은 보수 작업일지라도 안전수칙을 철저히 지켰는데, 저럴 필요가 있을까 싶게 세세한 것까지도 신경을 썼다.

인도 부근에서 벌이는 공사라면 더더욱 세심하게 모든 상황을 고려한다. 그래서 무슨 외과수술이라도 하듯 가림막을 치고 보행자의 길 안내를 돕는 인력부터 배치한다. 주의 표지판 하나로 충분할 것 같은데도 무조건 원칙을 고수한다. 한국의 공사장 풍경에 익숙한 내 눈에는 답답하다 못해 기이하게 느껴질 정도다.

보행자를 위한 배려는 그것으로 끝나지 않는다. 최소한 한 시간에 한 번씩은 가림막 아래 틈새로 새나간 흙이나 잔돌 따위를 쓸어 담는다. 누군가 작은 돌멩이 하나를 잘못 밟아 발목을 삘 수도 있다는 상황을 예상해 사고를 미연에 방지한다는 차원이다. 그만하면 결벽증이라고 할 만한 완벽 추구 정신이다.

새삼스러운 이야기는 아니지만, 일본인의 직업관은 놀랍다. 철두철미함에서는 남녀노소가 따로 없다. 일본은 고령화 사회인데, 노인들을 위한 일자리가 많다. 식당이나 상점에서도 손님을 맞이하는 노인 점원을 흔하게 볼 수 있다. 편의점 같은 데선 보통 노인과 청년을 한 조로 묶는다.

내가 몇 달간 일했던 편의점에도 연세가 지긋한 동료가 있었다. 그 동료는 원칙과 규칙에 철저했다. 나이를 내세워 어물쩍 기대거나 특별 대우를 바라지도 않았다. 노동의 양이나 강도 면에서도 젊은 나와 똑같이 소화해 내는 걸 당연하게 여겼다. 새로 입고된 상품 박스를 나를 때였다. 무거우니 쉬시라고 만류했지만 그분은 자신의 일이기도 하다며 끝까지 무거운 박스를 지고 날랐다. 그만큼 직업의식이 투철했다.

또한 일본에서 파트타임으로 잠깐 몸담았던 보험 관련 일은 나로 하여금 보험에 대한 인식을 바꾸는 소중한 계기가 되어 주었다. 그뿐 아니라 공사판에서처럼 만의 하나 일어날지도 모르는 상황까지 고려해 대책을 세워 두는 그들의 완벽한 직업관은 내가 한국에 돌아와 보험 세일즈를 하는 데 도움이 되었다.

또 하나, 일본은 전통적으로 영업을 중시한다. 사농공상의 유교적 서열이 잔존하는 우리와는 다르다. 일본 기업은 대부분 신입사원이 입사하면 영업직으로 발령을 낸다. 현장을 모르고는 사무직도 경영직도 제대로 수행할 수 없다고 보는 것이다.

우리나라도 현재는 조금씩 바뀌어 가고 있기는 하다. 가령 제조업 같은 분야에서 대표가 되려면 공학을 전공하고 MBA를 마친 다음 영업을 마스터해야 전반적으로 이해할 수 있다는 인식이 생겨나는 추세다. 세계적인 기업의 최고경영자 중에 세일즈맨 출신이 많다는 사실을 보더라도 나는 그게 정석이라고 생각한다.

일본인들의 직업관이나 투철한 직업에 대한 자부심은 일본의 장수 기업을 통해서도 알 수 있다. 세계에서 가장 오래된 회사는 서기 578년 일본 오사카에서 설립된 건축회사 '공고구미(金剛組)'이며, 일본은 전세계 200년 이상 역사를 가진 5,586개 기업의 56.3%(3,146개)를 보유하고 있다.

'공고구미'는 1400년이나 된 세계 최장수 기업이다. 서기 6세기 후반 쇼토쿠 태자는 백제 장인 유중광을 비롯 백제인 3인을 초빙하여 오사카에 사천왕사(四天王寺)를 짓기 시작한다. 백제 장인들은 586년부터 593년까지 오늘날 일본 최대의 사찰인 사천왕사를 지었다. 이에 쇼토쿠 태자는 유중광의 집안이 대대손손 사천왕사를 보수 관리하는 명을 하게 되었고 그 후 공고구미는 사찰을 전문으로 짓고 보수하는 건축회사로 탈바꿈해, 현재까지 일본 제일의 사찰 전문 건축회사로 남아 있게 되었다. 실제 일본에서는 이런 회사뿐 아니라 음식점을 가도 몇 대를 이어 하는 곳을 쉽게 발견할 수 있다. 8대째 이어져오는 장어전문점, 5대재 내려오는 우동전문점 등등…… 이러한 것은 일본인들이 자기 직업에 대한 자부심과 사랑이 얼마나 대단한지를 단적으로 보여준다고 할 수 있다. 자신이 만든 음식에 대한 자부심과 사랑이 없다면 어떻게 자식에게 대물림하겠는가.

나는 근본적으로 일본인들의 이 철저한 직업관, 직업에 대한 철학이 오늘날의 세계 제2의 경제대국을 건설했다고 확신한다.

인간의 생로병사에 대해 잘 아는
인생 관리사가 되어라

　사람은 태어나 나이가 들고, 사는 내내 크고 작은 병에 시달린다. 그리고 마지막에는 죽는다. 그것은 인간의 운명이다. 이는 인간뿐 아니라 생명을 받아 태어난 모든 존재의 운명이다. 귀한 몸으로 살았건 평생을 불운하게 살았건 마지막 죽음의 순간만큼은 누구도 모면할 수 없다. 진시황제의 불로장생의 꿈은 한갓 헛된 망상에 지나지 않았다. 생로병사의 질곡을 피해갈 수 없다는 점에서 생은 공평하다.

　내가 아는 한, 인간의 생로병사와 가장 가깝게 닿아 있는 이는 의사다. 탯줄을 끊는 순간에, 육신에 병마가 깃든 순간에, 임종의 순간에도 우리는 의사의 손길을 필요로 한다. 의사는 조물주가 빚어 낸 육체를 보수하는 엄청난 권한과 막중한 책임을 동시에 가진 존재다.

이는 내가 성직을 수행하는 성직자들과 함께 의료업에 종사하는 이들에게 경의를 표하는 이유이기도 하다.

보험 또한 인간의 생로병사와 깊은 연관이 있다. 아니, 생로병사를 구체적으로 언급한다. 태어나고, 늙고, 병들고, 죽는 일이 진행되는 동안 일어나는 굵직굵직한 사건들을 직접적으로 다룬다.

가령, 자녀의 출산과 진학, 유학 및 결혼, 언제 들이닥칠지 모르는 불의의 사고, 그로 인한 정신적 타격, 투병 내지는 피할 수 없는 수술, 인정하고 싶지 않지만 어느덧 뒷자리로 밀려난 노년 생활 등등.

선남선녀가 만나 주위의 축하를 받으며 가정을 꾸렸다. 얼마 후 부모님과 주위의 축복 속에서 부부의 사랑의 결실인 아기가 태어났다. 눈에 넣어도 아프지 않을 것 같은 사랑스러운 아기다. 아기를 위해서라면 무엇이든 다 해 주고 싶은 것이 부모의 심정이다. 이는 만고의 진리로서 부모의 마음이란 다 그렇다. 그러나 현실은 마음과 다를 수도 있다.

아기가 이 세상에 태어나면서부터 돈이 들어가기 시작한다. 아기가 커 갈수록 돈은 더 들어간다. 가정의 상황이 좋다면 다행이겠지만 그렇지 않을 수도 있다. 때로는 힘에 부치기도 한다. 사람이 거짓말을 하는 게 아니라 돈이 거짓말을 한다는 말이 실감난다. 우선 유아원, 유치원 회비부터 만만찮다. 따로 피아노 학원에도 보내야 하고 태권도 학원에도 보내야 한다. 영어 교육은 기본이고 발레 교습은 대세다. 감성 지수를 높이고자 계절에 따른 체험 학습도 시켜야 하고 박물관 견학도 빼놓을 수 없다. 그러나 어쨌든 초등학교까지는 그런 대로 버틸 만하다.

아이가 중학교에 들어가면 이제까지의 지출이 갑절로 늘어난다. 갖고 싶은 물건이 많아지고 연예인처럼 멋도 부리려고 든다. 수시로 용돈 인상을 요구하기도 한다. 아이가 고등학생이 되면 중학생 시절보다 두 배의 돈이 들어간다. 허리띠의 구멍을 하나 더 뚫어도 허덕일 지경이다. 부진한 과목이 있어 과외를 시키고 싶더라도 실력 있는 선생을 붙여 주자니 너무 고액이라 한숨만 난다. 사실은 진학률이 좋다는 학원에 보내기도 벅찬 실정이다.

그러다 어찌어찌하여 대학에 붙긴 했는데 등록금이 장난이 아니다. 게다가 어학연수는 대학생 필수코스로 자리 잡았다. 그리고 취업에 유리한 자격증을 따겠다며 학원 등록비 달라고 손이라도 내밀면 차마 외면하지 못한다.

마침내 힘들게 졸업시켜 운 좋게 취업 재수를 하지 않고 괜찮은 직장에 들어가 한시름 더나 했더니 이제는 어영부영 결혼시킬 나이다. 저축은 좀 해 두었을라나 했더니, 저축은 고사하고 꼬박꼬박 제 월급 받고도 통장 잔고는 늘 바닥인 눈치다. '부모는 봉이고 자식은 원수'라는 살벌한 농담이 농담 같지 않다.

자식이 결혼정보회사의 고액 입회비를 내지 않고 제 짝을 찾아온 것만도 효도라고 생각하기로 했지만 혼수 비용만으로도 어깨가 휘어지는 듯하다. 살림 차리는데 전세 보증금 일부라도 보태 줘야 사돈

볼 낯이 서고 새 식구한테도 당당할 것 같다. 이런 상황이니 이래저래 노후자금은 꿈도 못 꿀 판이다.

윗세대 부모들은 그 많은 자식들의 뒤치다꺼리를 어떻게 감당했을까 생각하니 새삼스럽게 놀랍고 존경스럽다. 위의 예는 자식이 별다른 변수 없이 무난하게 성장해 준 사례다. 실제로는 얼마든지 크나큰 사건사고에 휘말릴 수 있다. 심각한 병을 앓을 수도 있고, 치아 교정을 한다든가, 호감 가는 외모를 만드는 데 추가로 적잖은 비용을 마련해야 할지도 모른다. 때로는 부모라는 감투를 내놓고 싶을 정도로 힘겹더라도, 정해진 코스와 약속된 방식대로 생로병사가 진행된다면 그나마 수월할 것이다. 그러나 인생이 어디 그런가? 인생사에 정답은 없다. 사람의 얼굴이 제각각이듯 주어진 삶도 저마다 전부 다르다. 어른들 말씀으로는 복도 시련도 자기가 타고난 그릇대로라고 한다. 다만 평균적으로 태어나 죽기까지, 즉 생로병사의 전 과정에 일어날 법한 일들을 가늠해 최선을 다해 대처할 따름이다.

보험 세일즈는 바로 그 생로병사의 매 순간을 위해 보장을 전달하는 일이다. 살아가는 동안 일어날 수 있는 예측 가능한 사건과 예측 불가능한 사건을 두루두루 커버할 수 있게끔 사전준비를 돕는 것이다.

보험 계약이 성사되면 당연히 아주 기쁘다. 어떤 땐 진통 끝에 건강한 아기를 품에 안은 산모처럼 나 자신이 대견하고, 9회 말 역전 만루 홈런을 쳐서 팀을 승리로 이끈 타자만큼이나 짜릿하다. 때로는 창작의 고통 끝에 마침내 창조의 희열을 느끼게 된 조각가라도 된 양

자랑스럽다.

실적을 올려 성과급을 받는 보험 세일즈를 하는 나 자신에게 혜택이 돌아온다는 사실을 부인할 수는 없지만, 그것보다는 고객에게 돌아갈 혜택이 더 크다는 점을 알고 있기 때문이다. 단순히 보험 상품을 팔았다기보다 불확실한 미래에 최소한의 안전장치가 되어 줄 보장을 전해 주었다는 뿌듯함, 바로 그것이 내가 보험 세일즈에 푹 빠질 수밖에 없는 매력 포인트인 것이다.

그렇듯 보험 세일즈와 생로병사는 떼려야 뗄 수 없는 관계다. 따라서 보험 에이전트는 인생을 잘 알고 제대로 이해해야 한다. 질병에 대해, 외로움에 대해, 때로는 사랑에 대해서도 많은 정보와 지혜를 갖추고 있어야 한다.

인생을 다루면서 인생을 모른다면 결코 유능한 에이전트가 될 수 없다. 내게 돌아올 혜택은 고사하고, 고객에게 꼭 필요한 혜택이 돌아가도록 조언을 해 줄 수 없게 된다. 어떤 의미에서 보험 에이전트는 휴머니스트가 되어야 한다. 금융자산 관리를 넘어 인생 설계, 나아가 인생 관리사가 되어야 한다. 그래야 진정한 전문가가 될 수 있다.

보험 세일즈는 정수기나 자동차 세일즈와 다르다. 물론 정수기는 깨끗한 물을 공급함으로써 건강한 신체를 유지하게 도와준다. 자동차는 편리한 이동수단일 뿐 아니라 안락한 개인 공간을 제공한다는 점에서 우리에게 필요하다. 여기서 내가 다르다고 하는 것은 정수기나 자동차는 형태가 있어 손으로 만질 수 있고 눈으로 볼 수 있다는 점이다. 즉, 하드웨어를 판매한다는 말이다. 하지만 보험은 보장을 판매한다. 보장은 형태가 없기 때문에 당장 눈으로 볼 수도, 손으로 만질 수도 없다. 그러나 필요한 순간에는 천사의 손길처럼 생생히 느낄 수 있다. 그러므로 훗날 일어날지 모를 상황에 대비해야 한다는 사실을 사전에 일깨워 줘야 한다. 사망에 대비하여 종신보험을, 질병에 대비하여 암보험이나 질병 관련 보험을 들어야 한다는 것을 설명해 줄 수 있어야 한다. 인생에 대해 잘 알지 못한다면, 가족들에게 닥칠 리스크를 예상하지 못한다면, 아니 예상하더라도 요령 있게 설명하지 못한다면 훌륭한 에이전트가 될 수 없다.

일에 대한 철학을 가져라

　어디선가 들은 이야기가 기억이 난다. 어떤 40대 중년 남자는 가로등 청소를 하는 직업을 가지고 있었다. 그는 매일매일 길거리에서 가로등을 닦으며 세월을 보냈다. 그러다보니 자신의 일에 짜증이 나기 시작했다. 그도 그럴 것이 눈이 오나 비가 오나 겨울이나 여름이나 늘 똑같은 일을 하니 어찌 지루하고 짜증이 나지 않겠는가? 그래서 그는 친한 친구에게 자신의 어려움을 하소연하며 직업을 바꾸어야 하겠노라고 했다. 그러자 그 친구는 남자에게 물었다.

　"자네, 그 일 말고 잘하는 일이 있나?"

　"없네."

　"그러면 말이야, 자네가 가로등 청소를 하면 누가 이득을 보는가?"

　"그야 밤거리가 밝아지니까, 많은 사람들이 도움을 받겠지."

　"그럼 자네는 가로등 청소부가 아니라 사람들을 위하여 어두운 세상에 빛을 주는 사람이네."

"!!!"

그 후 그 남자는 어두운 세상에 빛을 주는 사람이라고 스스로를 생각하니 일이 즐겁고 짜증나지 않았다는 것이다. 이처럼 자기 자신의 직업에 철학을 가지면 인생이 즐겁다. 따라서 업무의 효율성도 오르고 실적도 오르기 마련이다.

보험 세일즈도 마찬가지다. 고객들에게 엉거주춤 다가가서 마치 동정심에 호소하듯이 세일즈하는 에이전트가 있다. 바로 자신이 파는 상품에 대한 철학이 없어서이다. 보험은 지금 당장 고객의 입맛을 사로잡는 초콜릿 같은 상품이 아니다. 보험은 미래의 보장, 나아가 고객의 미래의 행복을 보장하는 상품이다. 때문에 자기의 상품에 대한 확신이나 직업에 대한 투철한 철학이 없으면 곧 자신감의 결여로 나타난다. 확신없는 에이전트에게 어느 고객이 보험이라는 당장 먹을 수 없는 상품을 사겠는가? **보험 에이전트로서 확고한 철학을 가져라, 그것이 이 일의 출발이다.**

PART2 세일즈 무대

가족도 친구도 기대하지 마라

초보 세일즈맨이 되어 제일 먼저 달려가는 곳은 당연히 직장 생활을 하는 친구들과 가족이 있는 곳일 것이다. 나도 그 순서를 밟았다. 나로서는 친구들보다 더 입을 떼기가 어렵고 쑥스러운 대상이 아버지였던 것 같다. 아버지는 공무원 출신이셨다. 과묵하신 편인 데다 자식들에게 드러내 놓고 다정하게 구는 성정이 아니셨다. 특히 그때만 해도 보험 세일즈를 영 탐탁지 않게 여기시던 차였다. 그런 아버지 앞에서 무슨 말인가를 꺼내긴 꺼내야겠는데 쉽게 말문이 열리지 않았다. 그렇다고 벙어리처럼 입을 다물고 있을 수는 없었다.

나는 우선 보험 세일즈에 대한 내 비전과 전망을 우물쭈물하며 말씀드렸다. 그리고 보험이 우리 생활에 얼마나 필요한지, 얼마나 유용한지를 설명 드렸다. 하지만 아버지의 반응은 내 사기를 단번에 꺾고 말았다. 내심 내 계산으로는 오래도록 공무원 생활을 하셨으니 마음만 먹으면 얼마든지 주변의 지인들을 연결해 주실 수 있으리란 것이었다. 그러나 아버지는 평소에도 남들에게 아쉬운 부탁을 하지 않는 분이셨다.

'그런 분에게 가뜩이나 보험이라니.'

당신조차도 보험에 대한 인식이 다소 부정적인 마당이었는데, 아무리 자식을 위해서라고 하지만 주위 분들에게 운을 떼기가 퍽 난처하셨던 모양이었다. 그러나 내 좁아터진 마음 그릇에는 오직 서운함과 반발심만 가득 들어찼을 뿐이다.

'자식보다 당신 체면을 더 중요하게 여기십니까?'

비록 입 밖에 꺼내진 않았지만 나는 속으로 그렇게 외치고는 자리에서 일어섰다. 그리고는 누나를 찾아갔다.

'누나라면 좀 다르겠지? 명색이 대학의 전임강사가 아닌가 말이다. 여유 있는 친구들도 많은 편이고, 본인도 능력이 없다고는 못할 테니 좀 더 적극적으로 나를 도와주겠지.'

하지만 웬걸, 누나도 아버지의 반응과 크게 다르지 않았다. 누나 친구들 소개를 부탁했더니 얼버무리며 확답을 피하는 것이었다. 말려들고 싶지 않다는 눈치가 역력했다. 누나에게 기대했던 것도 사실은 김칫국부터 마시는 일에 지나지 않았다. 하나뿐인 누나에게까지 거절을 당하고 나니 너무너무 서운했다.

'두고 봐. 두고 보라고. 내가 다시는 부탁하나 봐라.'

서울로 돌아오는 기차 안에서 내가 가장 많이 되뇐 말이었다.

당시에 나는 내 실패를 인정하지 못했다. 아니, 뭐가 잘못되었는지 정확하게 파악하지 못했다는 게 옳다. 나는 내 패인을 분석하기보다는 마치 믿던 도끼에 발등이라도 찍힌 사람처럼 굴면서 그 상황을 감정적으로 받아들였다.

내가 아버지와 누나에게 세일즈맨으로서 최선을 다하지 못했기 때문이란 걸 깨달은 건 세월이 훨씬 흐른 후였다. 우선 나는 아들로서가 아니라 세일즈맨으로서 보험에 대해 확신이 설 수 있게끔 아버지를 설득하지 못했다. 그리고 부자지간 내지는 남매지간이라는 인정에 호소하려고 했지, 보험이 우리 생활에 얼마나 요긴한 시스템인지 믿음이 가도록 설명하지 못했다. 그러니 아버지나 누나가 미적미적할 수밖에 없었던 것이다. 그랬다. 보험에 대해 이해시키고 설득하는데 실패한 건 나 자신이었다. 원인은 나에게 있는데 엉뚱하게도 거절을 당했다고 분통을 터뜨린 꼴이었다. 지금에 와서야 그 당시 내가 서툴렀다는 걸 알았지만 그땐 상처받은 자존심에 오기만 차 있었다.

친구와 가족에게 당당히 자신의 일을 설명하고 밝히는 것이 중요하다는 건 보험세일즈 교육 첫날부터 듣는 말이다. 그러나 교과서는 교과서일 따름이라 늘 배운 대로 되지는 않는다.

다른 동료들은 어떤지 모르겠지만 나는 이 일을 시작하면서 우정의 곁가지를 가지치기했다. 보험을 시작하자 일부 친구들과 관계가 소원해진 것이다. 아마도 가입 권유를 받고 모른 체하기가 부담스러웠거나 지레 방어막을 쌓은 친구들과는 그렇게 조금씩 멀어져 갔다. 그러나 시간이 흐를수록 더 돈독한 우정을 나누게 된 친구들도 있다.

어쩔 수 없이 드러나게 된 각자의 속마음, 각자의 한계는 각자의 그릇대로였다. 박수를 쳐 주면서 용기를 북돋워 주는 친구가 있는 반면, 이것저것 하다 안 되니까 보험을 한다는 시중의 부정적인 인식을 들먹이며 너 그럴 줄 알았다는 식으로 나오는 친구도 있었다.

속이야 상하지만 어쩌랴. 그럴 땐 말이 필요 없다. 시간과 행동으로 보여 주면 된다.

처음 세일즈를 시작할 무렵 내 주위에는 경제적으로 자리 잡은 친구가 별로 없었다. 직장에 다니긴 해도 주거 문제를 해결하지 못했거나 가족 부양 등으로 재정 상태가 부실한 경우가 많았다. 막 결혼했거나 좀 빨리 아이 아빠가 된 친구들은 지출할 데가 그만큼 많았다. 상대적으로 형편이 나은 친구라 할지라도 보험 가입이나 자동차 구입 같은 결정을 독단적으로 내릴 수 있는 처지가 아니었다. 하지만 이런저런 사정이 있는 친구들이라도 일단 만나 부딪쳐 봐야 했다.

그 당시 120만 원 정도의 월급을 받으면서 월 16만 원씩 불입하는 상품을 가입한 친구가 있었던 반면에 300만 원이 넘는 월급을 받으면서도 일언지하에 보험 가입을 거절해 마음을 불편하게 한 친구도 있었다. 또 내가 봐도 정말 그럴 사정이 못 되어 가입해 주고 싶은 마음을 눌러야 했던 친구도 있었다. 그런 친구에게는 전혀 속상한 마음이 들지 않았다.

그렇게 부딪치다 보니 그동안 막연히 친구라고 생각했던 관계의 진정성이 확연히 드러났다. 단순히 계약을 하고 안 하고의 문제가 아니었다. 보험 에이전트라는 거북하다면 거북한 명함을 내미는 나를 대하는 친구들의 태도로 진정성이 판가름 났다. 격려해 주는 친구, 대번에 안색이 굳는 친구, 동냥은 못해 줄망정 쪽박 깨는 소리로 면박을 주는 친구 등등.

문제는 거절의 방식이었다. 거절을 당하고도 유쾌한 사람은 없을 것이다. 나 또한 누군가에게 거절할 상황이 반드시 생긴다. 나는 거절하는 데도 테크닉이 필요하다는 걸 거절당하면서 배웠다. 이후로 거절할 상황이 생길 때마다 상대방이 나처럼 상처받지 않도록 부드럽게 대하려고 노력하게 되었다.

개척만이 살길이다

기대했던 지인들과 가족들로부터 실망을 겪고 나서의 일이다. 여하간 세일즈에 입문했으니 첫 계약이 문제였다. 첫술에 배부르겠느냐만 그 첫술조차 언제 뜰 수 있을지 알 수 없었다. 막막했다. 남의 첫술이 부러웠다. 한 달 동안 열심히 교육받고 나름대로 정신 무장을 했지만 막상 영업에 나서려니 아직은 어색했다.

내가 참기름 짜듯 최대한 짜낸 47명 중 절반은 용건을 듣자마자 면담 자체를 거부했다. 한 달 동안 친분에 의존한 상담을 하고 났더니 그 알량한 명단도 바닥이 났다.

남은 건 개척, 보험업계의 말로는 '빌딩 타기' 뿐이었다. 이를테면 맨땅에 머리 박기 식으로 전선에 뛰어들어야 할 시점이 다가온 것이다.

다음 날부터 마음을 굳건히 먹고 빌딩을 탔다. 입구에서부터 통제 받는 경우가 허다했다. 요행히 사무실 안까지 들어가게 되더라도 모욕적인 대꾸에 낯을 붉힌 채 돌아 나오기 십상이었다. 다른 보험사 에이전트들과 마주칠 때도 있었다.

무작위로 빌딩을 정해 입주해 있는 사무실을 일일이 들르는 방식은 그다지 효율적이지 않아서 수고에 비해 계약으로 이어지는 비율이 낮았다. 의욕과 성과는 별개였다. 누구나 해 오던 구태의연한 영업 방식에서 벗어나야 했다. 일반 주부사원들처럼 빌딩 내 사무실을 돌아다니며 야쿠르트나 행주, 일회용 장갑 따위를 나눠 주며 눈도장을 찍는 마케팅의 시대는 지나갔다. 그 한계를 극복하려면 좀 더 치밀한 계획과 전략을 짜야 했다.

보험은 어떤 사람이 드는가? 어떤 유형의 사람이 좀 더 쉽게 보험과 가까워질 수 있는가? 누구에게나 보험을 권할 수는 있다. 하지만 여윳돈이 없으면 가입하기 어렵다. 많든 적든, 형편대로든 무리를 해서든, 매달 얼마씩 뚝 떼어 낼 돈이 있는 사람이어야 한다. 그리고 접촉하기 어려운 사람은 곤란하다. 지난번엔 자리에 있었지만 오늘은 없을 수도 있는 사람, 오늘은 책상에 앉아 있지만 다음 방문 땐 외근 중일지도 모르는 사람은 그만큼 꾸준한 면담이 어렵다. 면담이 어려우면 계약이 성사되기도 어려운 건 당연한 이치다.

솔직히 당시의 나는 엄청난 부채를 가지고 있었으므로 고액 계약

쪽으로 타켓을 잡으려고 무던히 노력했었다. 하지만 세일즈맨은 결코 계약의 사이즈에 차별을 두어서는 안 된다는 것을 명심해야 한다.

이제 답이 나왔다. 보험 납입금을 낼 경제력이 어느 정도 있으면서 항시 자리를 지키는 직업군의 사람, 언제 찾아가도 그 자리를 지키고 있는 대표 직업군이라면 의사다. 그렇다면 좋다. 병원으로 가자. 내가 움직이면 언제라도 그들을 만날 수 있다.

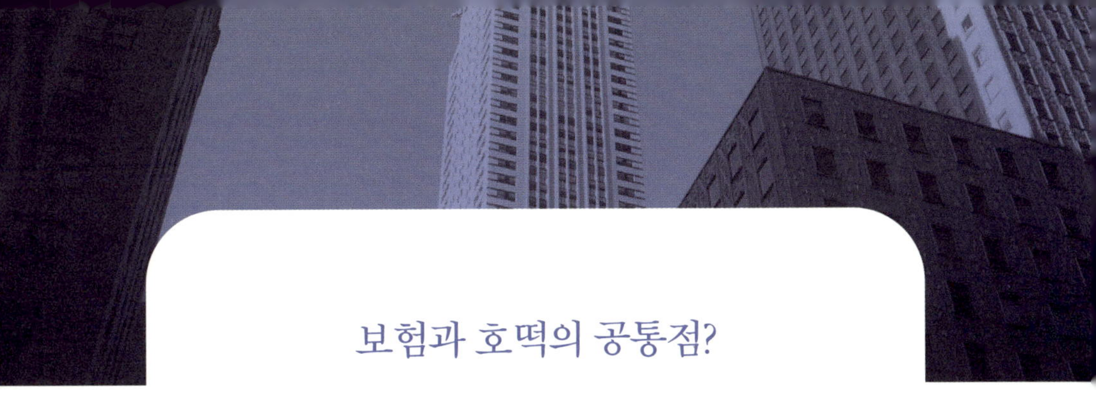

보험과 호떡의 공통점?

일단 서울시 전도를 구했다. 구(區)지도와 동(洞) 상세 지도도 필수였다. 지도를 들여다보며 개원 중인 병·의원을 체크했다. 그런 다음 가장 효율적으로 움직일 수 있는 동선을 그려 나갔다.

가령 월요일은 A동, 화요일은 B동, 수요일은 C동에 있는 병원을 방문하는 식이었다. 시내만 돌아다니다 보면 따분하고 지치기도 하니까 목요일은 청평이나 가평, 혹은 하남시 같은 교외 지역의 병·의원들을 선택했다. 그리고 심기일전해 금요일은 D동의 개업 의원들을 다니기로 했다. 그러나 무조건 병원을 돌기만 해서는 동선의 낭비가 심할 것 같다는 생각이 들었기 때문에 병원도 전공과별로 세분해 표시했다. 예를 들면 내과는 파란색 스티커, 이비인후과와 소아과는 노란색 스티커, 치과는 하얀색 스티커를 붙였다. 다시 말해 요일별로 지역을 정한 뒤 그 지역에 있는 전공과별로 방문하는 전략을 구상한 것이다. 같은 지역 내의 같은 전공과를 돌다 보니 의사들의 관심 분야나 고민이 비슷하다는 걸 알 수 있었다. 그런 만큼 일관성 있는 대응이나 서비스 제공이 가능했다.

온종일 발품을 팔면 15~20군데 정도의 병원을 돌 수 있었다. 그러고도 의사와의 면담이 이루어지는 건 열 곳 중 겨우 한두 곳에 불과했다. 계약까지 가는 길은 멀고도 험난했다.

대부분의 병원은 카운터에서 이미 통제했다. 친절하게 미소를 짓다가도 명함을 건네며 원장님을 잠깐 뵙고 싶다고 말하는 순간 간호사의 안색이 달라지곤 했다. 하긴 나 같은 보험 에이전트를 비롯해 정수기나 의료기 관련 세일즈맨의 방문이 얼마나 잦겠는가. 그들의 말을 다 들어주자면 적지 않은 시간을 뺏길 터였다. 그들의 심정은 십분 이해가 갔다. 나부터도 내 직장에 영업사원이 찾아와 바쁜 시간을 뺏는다면 반가울 리 없을 테니까 말이다.

다짜고짜 보험 상품을 권해서는 역효과만 나기 때문에 나는 가능하면 병원 운영이나 의사 개인의 관심사에 도움이 될 수 있는 정보를 제공함으로써 경계심을 완화시켰다. 그리고 그들이 어떤 정보를 원하는지, 병원 운영에 유용한 정보로는 뭐가 있을지를 밤마다 연구했다.

치과 병원일 경우에는 임플란트의 가격 변동 추이라든가 시장성을 조사해 보고서를 만들었다. 광우병이나 조류독감이 사회적 이슈였을 땐 그 병의 증세나 감염 경로에 대한 파일을 제작했다. 그리고 카운터에서 면담을 거절당하더라도 웃는 얼굴로 파일 전달을 부탁했다. 물론 파일 하단에 내 연락처를 적는 것은 잊지 않았다.

한 번 면담을 거절당했다고 해서, 면담은 했으나 퇴짜를 맞았다고 해서 실망하거나 발길을 끊는 걸 금물이었다. 그럴수록 일주일에 한 번씩 다른 도움이 될 만한 보고서를 작성해 다시 방문했다.

처음 몇 번은 간호사를 통해 자료를 전달받기만 하던 의사들도 필요에 의해, 또는 성의를 생각해 나를 진찰실 안으로 불러들였다. 그렇게 안면과 신뢰를 쌓다 보면 어느 날 자연스럽게 보험으로 연결되었다. 나는 그 방법을 '호떡 뒤집기 영업' 이라고 명명했다.

학창 시절에 자주 지나치던 호떡가게가 있었다. 호떡가게 아저씨는 잘 달궈진 철판에 반죽을 차례로 떼어 놓은 뒤 처음 반죽으로 되돌아가 순차적으로 반죽을 뒤집었다. 거기서 나는 나름의 영업 전략을 착안했다.

보험과 호떡? 얼핏 보면 전혀 별개처럼 보일 수 있다. 하지만 나는 보험에도 호떡 뒤집기의 원칙이 있어야 한다고 생각했다. 밀가루 반죽이 노릇노릇 구워질 때를 기다렸다가 적절한 시점에 뒤집는 것처럼, 계약에 이르기까지 다섯 번이고 열 번이고 고객을 만나 공감대를 형성하는 과정이 충분히 필요한 것이다.

첫눈에 반하는 사랑을 운명적인 사랑이라고 한다. 보험 일은 그런 사랑과는 거리가 멀다. 오히려 묵은 김치처럼 오래 익혀야 하는 사랑이다. 소금간과 온도가 잘 맞아야 하고, 충분한 시간이 필요하다.

　보험 일도 그렇다. 인내심을 가지고 꾸준히 접촉하여 믿음을 심어주는 게 중요하다. 단 한 번의 상담이 곧장 계약 성공으로 연결되는 확률은 아주 낮다. 먼저 믿을 만한 사람, 도움이 되는 사람이라는 신뢰를 쌓아가야 한다. 그래야만 한결 대화가 편해지고 원하는 계약으로도 이어진다.

돌아서 들어가기

고객에게 나를 만나면 절대 손해 보지 않는다는 인식을 심어 줘야 한다.

남에게 도움을 주는 사람은 어디서나 환영받는다. 다른 사람에게 민폐나 끼치는 위인을 좋아할 사람은 세상 어디에도 없다. 남의 도움 만 바라는 사람은 누구라도 외면하고 싶게 마련이다.

약삭빠른 짓으로 이득을 취하려는 사람도 마찬가지다. 세상에는 눈앞의 작은 이익을 놓치지 않으려고 몇 배, 혹은 몇 십 배가 되어 돌아올 가치를 알지 못하는 사람이 의외로 많다. 작은 것에 연연하는 사람은 큰 것을 잃는다. 더 많은 것을 거머쥐기 위해 사소한 것을 무시하라는 뜻은 아니다. 중요한 건 이윤보다 가치다. 이윤을 추구하는 사람은 만족하는 법이 없다. 항상 더 많은 이윤을 바라게 되기 때문이다.

사람들 대부분이 알고 있는 이솝우화 한 토막이다. 사자가 사냥꾼이 놓은 덫에 걸렸다. 굵은 그물에 걸려 꼼짝도 못하는 신세가 된 것이다. 벗어나려고 몸부림치면 칠수록 그물은 더 죄어들 뿐이다. 그런데 어디선가 생쥐가 나타났다. 바로 언젠가 사자가 놓아 준 적이 있는 생쥐였다. 사자에게 은혜를 입었던 생쥐는 앞니로 그물을 갉아 사자가 탈출할 수 있도록 도와주었다.

살다 보면 내가 베푼 작은 도움이 엄청난 이자로 되돌아와 내 목숨을 살리기도 한다. 선의의 투자인 셈이다. 어디까지나 베푼 건 베푼 것으로 잊어야 하지만 대부분은 그러기가 쉽지 않다. 내가 베풀었다고 해서 보답을 기대하는 건 이미 베푼 게 아님에도 미련을 떨치지 못하고 입맛을 다셔 자칫 추하게 비치기도 한다.

엄밀히 말해 그것은 'give and take' 다. '주었으니 돌아오겠거니' 하는 사심이 개입된 거래다. 그런 경우는 값을 치른 것에 불과하다.

다만, 상대방이 내가 베푼 것을 잊지 않고 다른 형태로 돌려주면 진심으로 고맙게 받아들여야 한다. 그럴 때 내가 받은 건 값이나 대가가 아니라 상대방의 마음이기 때문이다.

흥부의 박씨와 놀부의 박씨가 달랐던 것은 진심과 사심의 결과다.

나는 병원을 많이 방문한다. 의사라는 직업이 다른 직종에 비해 안정적인 수입이 보장되므로 상대적으로 미래에 투자할 여유가 있다고 판단해서다. 더욱이 의사는 늘 한자리에 앉아 찾아오는 환자를 기다린다. 면담의 성사 여부를 떠나 일단 간호사를 통해 내 방문을 알릴 수도 있다. 단, 한 번 만에 의사를 만나 찾아온 목적을 말할 수 있기란 거의 하늘의 별 따기다. 숫제 출입문에 잡상인과 보험 모집인은 사절한다는 경고문이 붙어 있는 곳도 많다.

카운터를 지키는 접수 담당자나 간호사에게 명함을 건네면 10명 중 9명은 대놓고 싫은 얼굴을 한다. 공공연히 짜증을 내는 사람도 있다. 하지만 그럴수록 평정심을 잃으면 안 된다.

지나치게 쩔쩔매지 말고 당당하면서도 정중한 태도로 그들의 불평에 귀 기울여 줘라. 그들의 입장에서는 얼마든지 그럴 수 있다고 인정하고 이해해 줘야 한다. 본인은 그날 처음으로 방문하는 것이지만 그들에게는 온종일 들락거리는 수십 명의 영업사원 중 한 명으로서 매번 같은 말을 반복하면서 돌려보내야 하는 성가신 존재다.

바쁜 시간을 방해하는 성가신 존재라는 인식을 불식시키기 위해 나는 개척 방법을 변경했다. 병원 수익에도 지장을 주지 않고 가급적 그들의 시간을 덜 뺏는 방법을 생각한 끝에 병원을 방문하면 우선 진찰권부터 끊는다. 그런 경우라도 좋은 얼굴로 맞아주는 의사는 흔치 않지만, 진찰권을 끊으면 나는 환자가 되고 해당 병원에 최소한의 수익을 보장하기 때문에 방해한 것 같은 기분을 줄일 수 있다.

웃지 못할 에피소드지만 한번은 건강보험공단에서 나를 찾는 전화가 걸려 왔다. 젊은 남자가 하도 여러 병원을 전전하고 다닌 기록이 넘어왔기에 확인에 나선 것이다. 일단은 몸이 여기저기 안 아픈 데가 없다고 둘러대 추궁을 모면했다. 궁여지책이었다고는 하지만 일말의 가책이 없는 건 아니다. 아무튼 그렇게 병원을 찾아다니면서 예방 진료(!)를 받은 덕에 오늘도 건강한 에이전트 김용일이 존재하는 것이라고 나는 믿고 있다.

미안한 마음으로 시작하는 상담은 불리할 수밖에 없다. 중요한 건 진료권으로 할당된 그 짧은 시간 안에 나라는 사람이 도움이 되는 사람이라는 인상을 심어 주는 것이다.

다짜고짜 보험 상품에 대해 설명하는 성급함은 별로 도움이 되지 않는다. 상황에 따라서는 역효과만 나기에 보험 상품 이야기를 꺼내는 것 자체가 금물이다. 분위기가 괜찮게 돌아간다 싶어 보험 이야기를 꺼내 봤자 의사들의 첫마디는 대개 정해져 있다.

"그런 건 집사람이 다 알아서 하는 일입니다."

"이미 다른 보험에 들어 있어요."

"병원 사정이 생각만큼 좋지 않아요. 도움이 안 될 것 같으니 돌아가세요." 등등.

그럴 때 나는 내 쪽에서 도움이 되어 드리겠다고 말한다.

"혹시 바쁜 일정 때문에 알아보지 못하는 일이 있으시면 제가 알아봐 드리겠습니다. 만약 원장님께 하루 정도의 자유 시간이 주어진다면 '이것만은 꼭 알아보고 싶다, 이 궁금증만은 꼭 풀고 싶다' 라고 생각하시는 게 있습니까?"

"아니면, 별도로 시간 내시기 어려워서 차일피일 미루고 있는 계획이 있으십니까? 와인에 대해서든 그림에 대해서든 뭐든 궁금한 게 있으면 말씀만 하십시오."

그쯤 되면 의사들도 마음이 좀 누그러진다. 각자 한두 가지 염두에 둔 채 실행에 옮기지 못하고 있는 계획을 털어놓게 되는 것이다.

"자동차를 바꾸려는데 이렇게 매여 있으니 시간 내기가 쉽지 않네요."

"적금을 들어 볼까 하는데 어떤 상품이 좋을지 알아봐 줄 수 있습니까?"

"병원 인테리어를 새로 바꾸고 싶은데 마땅치가 않아요. 양심적인 업자를 소개해 줄 수 있겠소?"

나는 그들의 주문 사항을 꼼꼼히 적은 후, 다음 주까지 알아봐 드리겠다고 말한다. 이로써 다음 약속이 잡힌 셈이다.

그 전까지만 해도 나는 상담이 이루어지든 카운터에서 되돌아가든 매주 같은 요일 비슷한 시간대에 목표 병원을 방문했다. 그랬기 때문에 그들도 내 규칙적인 방문에 어느 정도 길이 든 상태다. 늘 제 날짜 제 시간에 오던 사람이 나타나지 않으면 궁금해지는 게 사람의 심리다. 문전박대를 하든 반갑게 맞아들이든 고정적인 방문객이라면 자신도 모르게 기다리게 되는 게 인지상정이다.

업무가 끝난 밤 시간에 나는 자료를 준비한다. 인터넷을 뒤지기도 하고 마침 그 분야의 전문가가 지인이라면 전화로 자문을 구한다. 필요한 경우는 찾아가 협조를 받기도 한다. 수집한 모든 정보는 문서화해서 보고서 형태의 파일로 만드는데, 이는 전화번호 쪽지나 명함을 받아 전해 주는 건 성의가 없어 보이기 때문이다. 나는 정보를 부탁한 의사가 최종 선택만 하면 되는 단계까지 자료를 모으고 분류하고 등위를 매긴다.

어떤 경우에는 특정업체를 추천하기도 하는데 그건 내 이익과 무관하다. 이해관계가 얽히지 않아야 자료로서 객관성과 신빙성을 확보할 수 있다는 건 상식이다. 가령, 인테리어 업체 같으면 왜 그 업체를 선택하는 게 좋을지를 세부 항목으로 나눠 고객의 취향을 읽어 내는 감각, 공사비, 그 업체를 이용한 다른 병원의 만족도 등등을 조목조목 따진다.

나도 그렇지만 사람은 비슷하다. 자신의 일이 아닌 작은 일 하나도 완벽하고 사심 없이 진행해 주는 모습에서 감동을 받는다. 그러면 어떤 식으로든 고마움을 표현하고 싶은 마음이 들기에 상대방 쪽에서 먼저 보험 상품을 물어 오기도 한다.

이것이 바로 돌아서 들어가기이다. **바로 들어가기는 어렵고 어렵다. 고객에게 감동으로 주어 돌아서 들어가는 것은 바로 들어가는 것보다는 쉽다.** 증권 용어로 우회 상장이라는 것이 있지만, 보험 에이전트들은 항상 돌아서 들어가야 함을 명심해야 한다. 하지만 그러기 위해서는 많은 노력과 발품이 필요한 것은 물론이다.

여기서 말해 둘 것은 내 노력이 실제로 상대방에게 도움이 되더라도 'give and take'에 대한 기대는 접는 게 옳다는 것이다. 그런 기대는 가능하면 싹 잊어라. 어떻게 그럴 수 있느냐고? 안다. 나도 사람이다. 그것도 세일즈 실적을 올려야 할 보험 에이전트다. 그런지라 100퍼센트 순수하다고 말하기는 어렵지만 최소한 메아리가 없더라도 서운해지지 않도록 마음의 준비를 한다. 그래야 다음 일을 할 수 있는 힘이 생긴다.

'누군가에게 도움이 되었다면 그 사실 자체로 즐거운 것이지. 물질적 이윤 대신 즐거움이라는 정신적 만족을 얻었으니까 가치 있지 않나'라고 생각하는 것이다.

나만의 무대를 창조하라

블루오션(blue ocean:푸른 바다)이란 수많은 경쟁자들로 우글거리는 레드오션(red ocean:붉은 바다)과 상반되는 개념으로, 경쟁자들이 없는 무경쟁시장을 의미한다. 즉, 블루오션 전략은 산업혁명 이래로 기업들이 끊임없이 거듭해 온 경쟁의 원리에서 벗어나, 발상의 전환을 통해 고객이 모르던 전혀 새로운 시장을 창출해야 한다는 전략이다. 기존의 치열한 경쟁시장 속에서 시장점유율을 확보하기 위해 애쓰는 것이 아니라, 매력적인 제품과 서비스를 통해 자신만의 독특한 시장, 곧 싸우지 않고 이길 수 있는 시장을 만들어 내는 전략을 말한다.

사실 매우 좋은 전략이긴 하나 이 전략을 실천하기란 무척 어렵다. 가령 호떡 장사를 시작했다고 해 보자. 호떡을 많이 팔려면 우선 맛있어야 하고, 사람이 많이 다니는 길목이어야 한다. 무작정 사람이 많이 다닌다고 좋은 것은 아니다. 호떡을 사 먹을 만한 사람이 많이 다녀야 한다.(청담동이나 압구정동에서 호떡 장사를 하면 승산이 없다.) 맛에 자신이 있다면 단골손님을 노려 시식 행사도 좋은 판매 전략이겠지만, 명동이나 종로와 같은 뜨내기손님이 주 고객이라면 눈에 띠는 간판이나 퍼포먼스성 의상 같은 것도 좋은 판촉 전략이다. 이런 좋은 전략이 있다 해도 내가 호떡을 팔 만한 장소에 가면 그곳에는 반드시 호떡 장사가 이미 선점하고 있기 마련이다. 즉 블루오션 전략이 좋기는 하나 그것을 실제 실천하기란 무지 어렵다는 말이다. 그렇다고 포기해서는 안 된다. 어디에선가 허점이 나타나게 마련이다. 집요하게 생각하고 발품을 팔고 시행착오를 거치다보면 자신만의 무대가 나타난다. 자신만의 독창적인 아이디어와 실천력을 가지면, 즉 자신만의 무대를 가진다면 보험 세일즈는 한결 쉬워진다. 나의 경우에는 위에서 말한 것과 같이 병원이 나의 주 무대였다. 나는 그곳에서 마치 열연하는 배우처럼 울고 웃고 춤추고 노래했다. 나는 나만의 무대에서 열연한 결과 좋은 결과를 얻을 수 있었다. 물론 다른 무대가 얼마든지 있을 수 있다. 그 무대를 찾는 것, 그리고 그곳에서 연기하는 것, 그것은 여러분 각자의 몫이다.

PART3 감동 세일즈

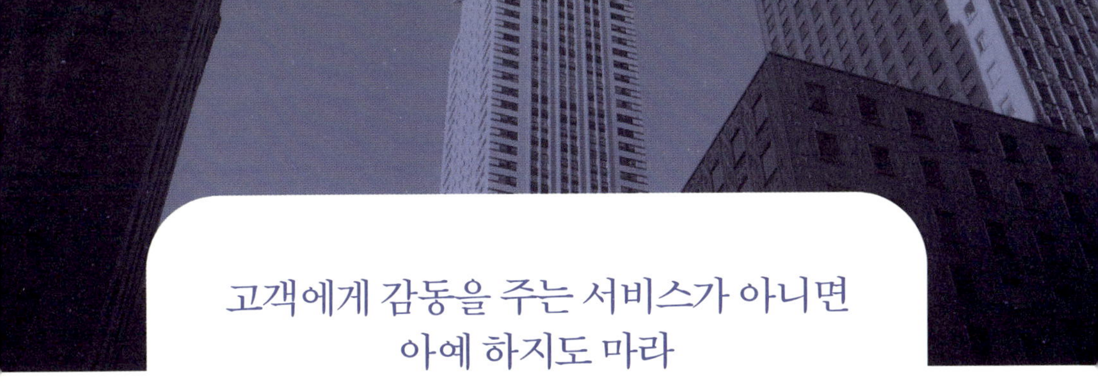

고객에게 감동을 주는 서비스가 아니면
아예 하지도 마라

"김용일 씹니까?"

"그런데요?"

"○○자동차 ○○○입니다."

전화를 건 사람은 수입 자동차를 사려는 고객에게 몇 번 소개한 적이 있는 딜러였는데 그 전까지 나와는 일면식도 없던 사람이었다. 몇 번이나 자신도 모르는 보험 에이전트의 소개를 받아 자동차를 팔았기에 감사의 마음을 전하려고 전화를 한 것이었다. 그 딜러 역시 경제적으로 여유 있는 고객을 많이 상대했기에 자신의 고객에게 믿을 만한 보험 에이전트로 나를 연결해 주기도 했다. 1%라도 도움이 되고자 했던 내 목표가 예상치 않았던 보너스로 이어진 셈이다. 그렇게 성심을 다해 가망 고객을 사전 서비스함으로써 얻은 선물은 즐겁고 흐뭇한 기억으로 남는다.

요즘에는 차종이 훨씬 다양해졌지만 몇 년 전만 해도 의사들이 선호하는 수입 자동차는 BMW 시리즈와 벤츠 E 클래스가 주종을 이루고 있었다. 나는 두 차종의 가격과 성능을 나열하는 정도에 그치지 않고 꼼꼼하게 장단점을 비교하고 특성을 조사했다. 심지어 그 차종을 구입한 사람들의 직업과 기호와 성격 유형까지 조사했다. 자동차도 이제는 패션인 시대라 의상처럼 자신의 개성을 대변한다. 그러므로 고가의 액세서리이자 신분증이라고 할 수 있다. 당연히 구매자의 외적 분위기에 따라 자동차의 디자인이나 색상에 대한 기호가 다를 수밖에 없다.

내 보고서는 맞춤형이다. 거기서 더 나아간다. 무엇이든 하려면 제대로 해야 직성이 풀리는 성미도 한몫 거든다. 만약 벤츠를 원하는 고객이라면 다음 단계의 정보를 제공한다. 당시 벤츠 자동차를 수입하는 업체는 한성과 효성 두 군데였다. 먼저 나는 두 업체 중 고객의 병원과 집에서 공통적으로 가장 가까운 거리에 있는 대리점의 위치를 파악한다. 그다음 정기 점검을 위한 애프터서비스센터의 위치를 고려한 후, 물망에 오른 대리점에서 고객 관리를 가장 잘하기로 정평이 난 딜러의 연락처를 확보한다. 그러면 내 의뢰인은 가만히 앉아 정보를 제공받은 데다 시간까지 절약할 수 있게 된다.

진짜 뛰어난 세일즈맨은 자신이 가진 상품으로 고객의 욕구를 해결할 수 없을 때는 그 문제를 해결할 수 있는 상품이 있는 세일즈맨을 연결해 준다. 내 상품만 파는 게 능사가 아니다. 고객을 위해서라면 타사의 상품이라도 소개할 수 있어야 한다. 무릇 도량이 커야 크게 성공할 수 있는 법이다.

그리고 세일즈맨이라면 친절이라는 DNA를 이식해서라도 갖추고 있어야 한다. 고객에게는 일의 성사도 중요하지만 애프터서비스가 더 중요하다. 해결이 되든 안 되든 최선을 다하는 태도가 고객의 마음에 감동을 줄 수 있다.

적당히 시늉만 하는 서비스는 감동을 주지 못할 뿐더러 점수만 깎인다. 내 일처럼 꼼꼼하게 최선을 다하는 자세로 임하지 않는 서비스는 안 하느니만 못하다는 사실을 명심하라.

완벽한 인프라의 허브가 되려면
팔방미인이 되어라

한 우물을 깊이 파 그 분야의 전문가가 되는 것은 훌륭한 일이다. 마땅히 갈채를 받을 자격이 충분한 성공한 삶의 주인공이다. 세상은 그를 필요로 할 것이고, 세상 사람들은 그를 통해 성실과 인내를 배울 것이다. 거기다가 그가 다방면으로 뛰어난 재주와 식견까지 보여 준다면 세상 사람들은 그를 유능하고 요긴한 존재로 여길 것이고, 그를 통해 풍성함과 여유로움을 배울 것이다. 그러다 보면 어느새 그는 관계의 중심축에 서 있는 자신을 발견할 것이다.

완벽한 인프라의 허브가 되려면, 그리하여 1%라도 도움이 되는 사람이 되려면 자신을 팔방미인으로 만들어야 한다. 팔방미인이 되는 길은 오직 두 가지, 관심과 학습(공부)이다.

와인, 재즈, 자동차 경주, 재테크, 트럼펫, 고흐나 샤갈의 작품 등 무엇이든 괜찮다. 취미를 붙이고 흥미를 느낀다면 배우고 익혀 내 것으로 만들어라. 물론 쉬운 일은 아니지만 시간과 노력을 들인 만큼 새로운 관계망이 형성되고 인생의 폭이 넓어질 것이다. 인생은 깊이도 중요하지만 넓이도 중요하다.

타고난 재주의 한계를 느낀다면 지식을 축적하라. 그러면 전문가까지는 될 수 없더라도 전문가를 식별해 내는 안목이 생긴다. 화가가 미술 평론가로 변신할 수는 있지만 미술 평론가라고 해서 다 뛰어난 화가는 아니다. 예를 들어 미슐랭 가이드(프랑스 타이어 회사 미쉐린이 출판하는 세계 최고 권위를 인정받는 레스토랑 평가 잡지)의 별점을 매기는 평가단이 일급 요리사들만으로 구성되어 있는 것은 아니다. 요리를 할 줄 몰라도 미식가가 될 수 있다. 악기를 다룰 줄 몰라도 연주를 평가할 수는 있지 않은가.

보험 영업을 시작할 무렵만 해도 나는 경제 실정에 무딘 편이었다. 고객은 주식이나 펀드에도 관심이 많다. 고객이 궁금해 하는 항목이나 알고 싶어 하는 사항에 성실하게 답변할 수 있으려면 전반적인 경제 흐름을 파악하고 있어야 함은 물론이거니와, 고객의 금융 자산에 대해 총체적으로 조언해 줄 수 있는 전문성을 두루 갖추어야 한다. 경제 감각을 예리하게 다듬는 것은 하루아침에 저절로 되지 않는다. 수학 공식을 외듯 경제 이론을 달달 외운다고 되는 일도 아니다. 꾸준한 학습만이 취약점을 보완해 줄 것이다.

입사 후 1년이 넘도록 나는 날마다 새벽에 집을 나섰다. 사무실에 도착하는 시각은 채 6시가 안 되었다. 출근해서 가장 먼저 하는 일은 경제 신문을 열독하는 것이다. 한동안 나는 고3 수험생처럼 중요하다고 생각되는 기사를 형광펜으로 줄을 그어가며 읽었다. 그러자 처음에는 알 듯 모를 듯하던 기사가 차츰 확실하게 이해되기 시작했다. 그렇게 2개월 정도 지나면서부터는 부정확한 기사나 오보 수준의 맹랑한 기사를 가려낼 수 있게 되었고, 신문 기사나 방송 뉴스에 대한 무조건적인 신뢰가 깨졌다. 2, 3개월을 더 파고들었더니 이제 읽어야 할 기사와 건너뛰어도 좋을 기사가 뭔지 감이 잡혔다. 그 뒤로는 제목과 기자의 이름을 보고 정독할 기사를 골랐다. 나중에는 신문을 펼치면 한눈에 정보 가치가 있는 기사의 중요도와 순서를 곧장 그릴 수 있을 정도였다.

모든 정보가 항상 옳은 것은 아니다. 거짓 정보와 옳은 정보가 뒤섞여 있게 마련이다. 하지만 우리는 그 두 가지를 동시에 받아들여야 한다. 아니, 동시에 받아들일 수밖에 없다. 따라서 옳은 정보를 가려내는 능력을 키워야만 한다.

초대받지 않은 손님

잠실의 어느 내과병원을 방문했을 때의 일이다. 나는 카운터를 지키는 간호사에게 명함을 내밀며 정중하게 인사했다. 그녀는 명함을 보자마자 내 신분과 찾아온 목적을 간파했을 터였다. 그런데 간호사는 내 인사를 못 들었다는 듯 대꾸가 없었다. 환대를 기대하지는 않았지만 드러내 놓고 냉랭한 대접을 받으면 동요를 느끼는 것도 사실이다. 그렇다고 심약하게 물러설 수 없는 일이었다.

"죄송합니다만, 원장님께 제 명함을 좀 전해 주시겠습니까?"

그러자 표정이 딱딱하게 굳어진 간호사가 손가락으로 입구 쪽을 가리키며 차갑게 쏘아붙였다.

"저 문에 써 붙여 놓은 것 안 보여요?"

그제야 '잡상인 및 보험설계사 출입 금지'라는 문구가 보였다. 내가 주춤거리자 간호사가 단호하게 덧붙였다.

"환자들이 기다리는 거 보이시죠? 댁이 중간에 들어가면 누가 피해를 보겠어요? 나가 주세요."

할 말이 없어 밖으로 나왔다. 속이 몹시 상했다. 무안함 반, 야속함 반이었다. 그러나 어디 하루 이틀 겪는 일인가? 한두 번 당하는 수모인가? 그리고 그 간호사가 잘못한 건 사실 하나도 없지 않은가? 어찌 되었거나 병원이란 환자의 입장을 가장 우선적으로 살펴야 하는 곳이다. 그 간호사는 자신의 의무를 성실히 이행했을 뿐이다. 곱씹어 볼수록 내 불찰과 부주의를 먼저 점검했어야 한다는 쪽으로 생각의 가닥이 잡혔다. 나는 사무실로 돌아와 곧바로 자주 이용하던 꽃가게로 전화를 걸었다. 그리고 장미 100송이를 주문했다. 퀵서비스 아저씨더러는 배달지로 바로 가지 말고 내 사무실에 들렀다 가 달라고 부탁했다. 그 사이에 나는 편지를 써내려갔다.

'안녕하세요? ○○○간호사님. 저는 오늘 그 병원을 방문했던 메트라이프생명 에이전트 김용일입니다. 낮에는 죄송했습니다. 출입 금지 문구를 미처 발견하지 못한 점도 있지만 그 문구를 미리 발견했더라도 저로서는 같은 행동을 했을 수밖에 없었을 것입니다. 그것이 제 직업이기 때문입니다.

오늘은 저대로 몹시 고통스러운 날이었습니다. 저의 직업정신이 환자들에게 피해를 줄 수 있다는 생각을 미처 하지 못했습니다. 그건 확실히 제 잘못입니다. 하지만 오늘 간호사님이 제게 안겨 주신 고통은 이제까지 겪은 어떤 거절보다 쓰라린 것이어서 제게는 강한 예방접종이 된 것 같습니다. 앞으로는 어떤 거절을 당하더라도 극복할 것 같은 자신감도 생깁니다.

오늘 이후로는 보다 조심스럽게 환자에게, 그리고 병원 식구들에게 방해가 덜 되게 방문하도록 노력하겠습니다. 장미꽃은 제게 귀한 교훈을 주신 간호사님과 병원의 발전을 위해 마련한 작은 선물입니다.'

그런 다음 그 병원 원장님 앞으로 보내는 편지 한 장을 더 써내려 가기 시작했다.

'안녕하십니까? 오늘 원장님 병원을 방문했던 메트라이프생명 에이전트 김용일이라고 합니다. 불쑥 이런 글월 올려 놀라셨으리라 짐작됩니다만 몇 자 드리고 싶은 말씀이 있어 감히 펜을 들었습니다.

저는 원장님의 존함을 알고 있지만 원장님은 절 모르시는 게 당연할 것입니다. 오늘 저는 원장님께서 환자를 진료하시는 병원을 방문했습니다. 원장님을 뵙고자 했지만 아쉽게도 그냥 되돌아 나와야 했습니다. ○○○간호사님께 면담을 신청했다가 호된 야단을 맞고 물러 나와야 했기 때문입니다.

오해는 말아 주십시오. 그 간호사님에 대한 불평을 하려는 것이 아닙니다. 솔직히 그 순간은 몹시 민망하고 제 직업에 대한 자괴감도 들었습니다. 하지만 지금은 충분히 이해가 가는 처사라고 생각하고 있습니다. 그 간호사님은 나름대로 최선을 다하셨습니다. 저 같은 외부인들의 출입을 원천 봉쇄함으로써 환자분들에게는 조금이라도 시간이 지체되는 피해가 가지 않도록, 아울러 환자들을 진료하시는 원장님께는 방해가 되지 않도록 최선을 다하셨다고 생각하고 있습니다. 그런 간호사님이 계시는 한 원장님의 병원은 날로 발전하리라는 예감이 들었습니다. 원장님께서는 그 간호사님 덕분에 안심하고 진료하실 수 있을 것입니다. 외람되지만 감히 원장님께 그 간호사님의 성실함을 치하해 드릴 것을 부탁드립니다.

원장님의 병원이 무궁한 발전을 이룰 수 있도록 기원하겠습니다. 안녕히 계십시오.'

꽃가게에 부탁한 대로 퀵서비스 아저씨가 사무실에 들렀다. 나는 편지를 꼭 함께 전해 달라고 부탁했다. 그러고도 한동안 마음이 울적했다.

다음 날 그 병원에서 나를 찾는 전화가 걸려왔다. 그것도 원장님이 직접 전화를 걸어 만나자는 것이다. 나는 다소 얼떨떨한 채 병원으로 향했다. 장미꽃다발이 환한 웃음처럼 대기실을 밝혀 주고 있었다. 전날 그처럼 냉랭하게 쏘아붙였던 간호사가 어쩔 줄 몰라 하며 나를 진료실로 안내했다.

원장님은 성격이 시원스러운 분이었다. 간호사가 불친절했던 것 같다며 오히려 사과를 해 오셨다. 막상 그렇게 말씀하시니 더욱 어쩔 줄 몰랐다. 공연히 간호사의 입장만 난처하게 만든 것이 아닌가 염려스러웠다.

원장님은 당신에게 필요한 보험 상품을 추천해 달라고 하셨다. 그럴 때 나는 절대 내게 유리한 상품을 권하지 않는다는 원칙을 고수한다. 고객의 입장에서 고객이 받을 수 있는 가장 유리한 보장을 염두에 둔다. 그렇게 해서 나는 원장님과의 계약을 성사시켰다.

새옹지마라고 했던가? 내게 쓰라림을 주었다고 생각했던 간호사도 그 자리에서 설명을 듣고 계약하기에 이르렀다. 다른 간호사들도 기꺼이 내 고객이 되어 주었다. 결과적으로 문전박대를 당한 병원의 직원 모두가 내게 보험을 들게 된 것이다.

나 자신부터 예상하지 못했던 성과였다. 나로 인해 언성을 높여야 했던 병원 식구들에 대한 미안함과 의기소침해진 나 자신을 다잡고자 작은 선물을 보냈을 뿐인데 그런 놀라운 실적으로 되돌아올 줄이야.

그 이후로 그 병원 식구들과는 참 많이 친해졌다. 그 병원도 날로 번창했기에 내 마음도 흡족했다. 몇 년 후엔가 그 간호사가 캐나다로 이민을 가게 되었다고 했다. 아쉬운 이별이었다. 어디서나 성실하게 맡은 일을 당차게 해 나갈 사람이었다. 더 나은 기회의 땅을 찾아갔겠거니 싶으면서도 낯선 나라에서 겪을 어려움이 만만찮을 텐데, 염려스러운 마음이 일기도 했다.

병원 원장님은 경영 상태가 나쁘지 않던 병원을 과감히 정리하고 대학병원으로 되돌아가셨다. 원장님과는 이후로도 가끔 안부를 주고받으며 지내고 있다.

새벽의 불청객

'오라는 데는 없어도 갈 곳은 많다.'

세일즈를 하는 사람이라면 공감할 것이다. 그러나 대부분의 심정은 이러지 않을까?

'갈 데는 많아도 반기는 곳은 적다.'

그저 반기지 않는 정도라면 늘 그래왔듯이 굳건히 견딜 수 있으련만 때로는 눈물과 회의의 현장이 되기도 하니 어쩌랴.

두 번 되풀이하면 잔소리지만 세일즈는 어떤 경우에도 평정심을 잃지 말아야 한다. '여기가 아니면 갈 데가 없는 줄 아느냐?' 울컥하는 마음에 열렬히 웅변해 본들 도움이 되지 않는다.

세일즈 고수라면 임전무퇴, 배수진을 치고 나아가는 담대함이 있어야 한다. 그러나 담대함이 간혹 무모함이 되지 않도록 경계해야 한다. 상황이 나쁠 땐 한발 물러나는 것도 임전무퇴 못지않게 중요하다. 종합하면 임전무퇴의 정신과 2보 전진을 위한 1보 후퇴의 도전정신이 잘 어우러져야 승률을 높일 수 있다는 말이다.

실전에 항상 적용되는 원칙이란 없다. 매뉴얼은 참고 자료일 뿐이다. 실전에서는 언제나 새로운 세일즈의 역사를 써내려 간다고 생각해야 한다.

당시 팀원 전체가 대형 새벽시장 개척을 위해 나선 때가 있었다. 팀을 조직해 동대문시장, 남대문시장, 노량진 수산시장, 가락동 농수산물 시장들을 훑었다. 새벽시장에는 경매사나 도매상인 등 큰손이 많이 움직이는 곳이다. 우리는 2인 1조 내지는 3인 1조로 큰손 공략에 나섰다. 여기서도 빠뜨리지 말아야 할 것은 시장 상인들에게 요긴할 것 같은 정보를 준비하는 것이다.

나는 매장은 작지만 대량 주문이어서 매출액은 큰 그릇 도매시장을 선택했고, 가게들이 문 여는 시간을 기다렸다가 제일 먼저 한 그릇가게로 들어섰다. 그러나 명함을 건네기 무섭게 호통이 날아왔다.

"당장 나가요! 어서!"

떼밀리듯 밖으로 나오자 가게 주인이 소금 그릇을 집어 굵은 소금 한 줌을 휘 뿌렸다.

"문 열자마자 보험쟁이가 들어오다니, 에이 재수 없게시리!"

그 순간 알 수 없는 오기가 치솟았다. 어쩌면 젊은 혈기거나 치기였을 것이다.

"사장님, 나중에 보십시오. 오늘 매출은 2배로 오를 것입니다. 저는 우리 집 종손이고 복덩이 소리를 듣습니다. 가게마다 제가 개시를 하면 손님이 들끓습니다. 그럼 다음 주에 다시 찾아뵙겠습니다."

말은 그렇게 했지만 참담한 기분에 다른 가게를 들어가 볼 엄두도 나지 않았다.

나는 어깨를 늘어뜨린 채 터덜터덜 걸었다. 걷다 보니 어느 새 마포대교 근처였다. 소주를 한 병 사서 고수부지로 내려갔다. 분함과 서글픔을 안주 삼아 소주를 한 모금씩 들이켰다. 눈물이 났다. 주먹으로 눈물을 훔쳤다. 당장 그만두고 싶었지만 거기서 접을 수는 없었다. 나는 다시 마음을 강하게 먹었다.

그 다음 주에 소금 세례를 당했던 그릇가게를 다시 찾았다. 이번에는 들어서기 전에 밖에서 외쳤다.

"사장님, 들어가도 되겠습니까? 오늘은 소금 안 뿌리시겠습니까?"

가게 주인은 의외로 들어오라는 손짓으로 나를 안으로 불러들였다. 그러고는 따뜻한 말투로 물었다.

"밥은 먹고 다니시는가?"

이렇게 나오니 내 쪽에서 당황해 얼떨결에 식사를 못했다고 대꾸해 버렸다. 그랬더니 단골식당에 전화를 해서 밥을 시켜 주시는 게 아닌가. 먼젓번 냉대가 마음에 걸렸던 모양이었다. 젊은 사람이 새벽부터 애를 쓰는데 자신이 너무 심했다 싶었을까? 어쩌면 내가 오기로 던진 말대로 그날따라 장사가 잘되었을지도 모를 일이었다.

밥을 먹으면서 이런저런 이야기를 나누었다. 보험 일을 하면서 나름대로 사람 보는 눈이 많이 트였다고는 하지만 진득하게 겪어 봐야 제대로 알 것 같은 사람도 만난다. 겉으로 봐서 모를 게 심상이다. 그릇가게 사장님도 첫인상과는 달리 인간적인 면모가 느껴지는 분이었다.

밥을 얻어먹었으니 밥값을 해야 했다. 나는 사장님에게 꼭 도움이 되리라 싶은 상품을 설명해 드렸다. 사장님도 내가 권한 상품에 가입하고 싶어 하셨지만 안타깝게도 그 분은 지병으로 당뇨를 앓고 계셨다. 계약이 불가능한 조건이었다.

대신 자녀들 앞으로 보험 계약을 했고, 몇 년 뒤 그분은 돌아가셨다. 오랜 당뇨로 합병증을 앓고 계셨던 데다 새벽 장사로 건강을 많이 해친 탓이었다. 그분은 돌아가셨지만 이후로도 자녀분들과 지속적인 연락을 주고받고 있다. 나중에 자녀분에게 들은 말인데, 임종하시면서 금전적인 조언이 필요하면 나를 찾으라고 하셨다는 것이다. 마음이 찡했다. 보람을 느꼈던 순간이기도 하고 힘겨웠던 시절에 대한 보상을 받는 기분이기도 했다.

이 일을 하다 보면 소중한 인연을 많이 맺게 된다. 한 분 한 분 내게는 다 귀한 인연이지만 그분과의 만남은 특히 오래도록 기억에 남는다.

고객을 감동시켜라

과거에는 고객과 세일즈맨 사이의 관계를 단순한 구매자와 판매자로 규정하는 경우가 많았다. 하지만 최근에는 고객을 판매의 대상이 아닌 관리의 대상으로 생각해야 한다는 관점이 폭넓게 퍼지고 있다. 우연히 인터넷에서 다음과 같은 글을 본 적이 있다.

저는 한국에서 일문과를 졸업해 특급호텔 프론트에서 근무를 하다가 현재는 일본의 조그마한 호텔의 전반적인 일을 보면서 일본에서 거주하고 있는 사람입니다……(중략)……

예전에 한국에서 일할 때 이런 일이 있었습니다. 일본 손님께서 체크 아웃을 하시고 공항으로 가시기 위해서 택시로 출발을 하셨습니다. 그런데 가신 후에 객실에서 손님의 여권이 나온 거예요. 그래서 일단은 그 택시 기사에게 전화를 걸었는데 아무리 해도 연결이 안 되고 그 손님의 항공권 부킹을 제가 해 드렸기 때문에 항공 시간이 임박하다는 것도 알고 있었고, 그분이 비지니스 차원으로 오셨기 때문에 그 비행기를 놓치면 사업적으로도 큰 손실이 있을 거라는 것도 알고 있었죠. 그래서 택시를 타고 공항까지 가서 여권을 무사히 건네드린 적이 있습니다. 손님이 감사하다는 뜻에서 택시비를 주셨는데 극구 사양하고 제 돈을 택시비로 20만 원 가량 쓴 일이 있었습니다. 훗날 그분이 고맙다는 편지와 그 지방 토속 상품을 선물로 보내주셨고 그때부터 그 일이 인연이 되어 아직도 연락을 주고받고 있는 상태입니다.

그리고 이 글을 쓴 사람은 고객을 친부모처럼 모시라는 말을 하고 있다. 만약 이 사람이 택시비를 받고 좀 더 많은 팁을 위해 그랬다면, 이 고객의 감동은 훨씬 줄어들었을 것이다.

위의 이야기는 일회성 감동이지만 보험은 이보다 훨씬 더 지속적인 감동이 필요하다. 계약이 성사되고 난 뒤에도 성심성의껏 고객의 각종 문의 사항이나 요구 사항을 들어주어야 한다. 그것을 의무감 속에서 한다면 지치고 짜증이 나게 마련이다. "고객이 있다, 고로 내가 존재한다"라는 생각을 가져야 한다. 사실 고객이 나와 내 회사와 내 가족을 먹여 살리는 것이 아닌가. **고객은 왕이다. 미래의 고객도 왕이고, 계약한 고객은 상왕(上王)이다. 무조건 친절하게 모시고 수시로 감동시켜라.** 고객을 감동시키지 못하는 에이전트는 실적도 저조할 뿐만 아니라 그 수명도 당연히 길지 않다.

PART4 허브 세일즈

다양한 사람들을 내 편으로 만들어라

자신의 서투르고 부족한 부분을 보완해 줄 수 있는 사람을 아군으로 영입하는 것도 능력이다. 어차피 어떤 사람도 혼자서는 살 수 없다. 현대는 무인도의 로빈슨 크루소처럼 모든 문제를 혼자 해결하는 시대가 아니다. 직업은 세분화되고 공정은 까다로워지고 있다. 자신의 능력으로 해결할 수 없는 문제는 다른 전문가의 도움을 받거나 시스템의 도움을 받아 해결해야 한다. 내가 모든 분야를 두루 섭렵하지는 못하므로 전문적인 지식이나 정보가 필요할 때는 주저하지 말고 그들에게 양질의 정보를 요청하라. 과연 누가 그 일에 적합한지 판단할 정도의 통찰력만 있으면 된다. 그의 재능을 인정하고 솔직하게 자문을 구하라. 진정한 전문가라면 도움을 청하는 사람에게 관대하다.

그리고 가능하다면 그에게도 도움이 될 일을 만들어라. 상부상조란 쌍방향 소통이며 소통은 신뢰의 선행 조건이다. 그리고 신뢰는 인적 자산을 쌓는 필수 조건이다.

그러므로 기회가 닿는 대로 다양한 사람들을 만나는 것이 중요하다. 경쟁사의 보험 에이전트에게서도 다른 업종의 세일즈맨에게서도 배울 점이 있다. 주위의 모든 사람을 나의 후원자로, 교사로 만들어라. 나이, 성별, 직업에 제한을 두는 건 어리석은 일이다. 편견과 선입관은 소통의 장애물이다. 하지만 억지로 가식적인 관계를 맺는 건 서로에게 도움이 되지 않는다. 모름지기 열린 마음으로 다가가야 한다. 원만한 인간관계야말로 무형의 자산임을 잊지 마라.

많은 사람을 만나다 보면 계약을 할 만한 사람을 가려낼 줄 알게 된다. 장사를 오래 해 온 사람은 가게 문턱을 막 넘는 손님이 물건을 살지 그저 둘러만 보고 나갈지 척 알아본다고 하지 않는가. 그렇다고 계약을 할 만한 사람, 즉 가망 고객만을 만나서는 안 된다. 거듭 말하지만 폭넓은 교류, 다채로운 인간관계가 결국엔 더 큰 성과를 결정짓는 주요 요소가 된다.

나아가 그렇게 각계각층의 사람을 만나 그들의 이야기를 듣다 보면 간접 경험이 확장될 것이다. 그 간접 경험을 직접 경험 못지않게 흡수하는 능력의 계발 또한 절실히 필요하다.

인간관계의 윤활유가 되어라

버락 오바마가 미국의 44대 대통령에 당선되었다. 이로 인해 전통적인 한미관계에도 새로운 변수가 작동될 전망이다. 때문에 여당과 야당을 막론하고 오바마와 연줄이 닿는 인맥을 찾느라 분주하다. 오늘날은 글로벌 시대가 아닌가. 의외로 몇 다리를 건너지 않고도 유력한 인물을 찾아낼 수 있을지도 모른다.

언젠가 '자신의 인맥을 동원해 과연 대통령까지 연결이 가능한가?'라는 관련 기사를 읽은 적이 있다. 그 결과로 영남 출신은 평균 6.5명, 호남 출신은 평균 8명을 거치면 대통령과 선이 닿을 수 있다는 분석이 나왔다. 호들갑을 좀 떨면 "우리가 남이가?"라고 말할 수 있는 관계다.

허풍이라고? 천만에, 그렇지 않다. 대통령과 나는 사돈의 팔촌의 조카의 친구의 동생뻘쯤 된다. 그만하면 제법 가깝다고 할 만하지 않을까?

'일반적인 사회 활동을 하는 사람이 평생을 통틀어 몇 사람과 그럭저럭 꼴을 갖춘 대화를 나눌 수 있는가?'에 대한 S대 사회학과 모 교수의 통계를 인용해 보자.

조사 결과는 만 명 선으로 나왔다. 완전하게는 아니어도 기억하고 관리할 수 있는 숫자는 그보다 훨씬 적어 1,000명 정도였다. 지속적인 관계 커뮤니케이션이 가능한 숫자는 200명을 넘기기 어렵다고 한다. 그런데 그 200명 중 80% 이상이 몇 단계를 거치면 어떤 식으로든 자신이 아는 사람과 연결되어 있다.

만약 내가 A와 사이가 나빠졌다고 가정해 보자. 나는 B를 만나 A에 대한 불만을 털어놓았다. C에게도 슬쩍 A에 대한 험담을 했다. 그런 식으로 몇 번만 투덜거리다 보면 내가 아는 사람들 가운데 상당수가 나와 A의 관계를 알게 된다.

전하는 말은 믿을 수 없다. 한 사람의 입을 건너갈 때마다 부풀려지고 비틀어지는 특징이 있기에 소문은 언젠가는 종잡을 수 없을 만큼 커진다. 그리하여 마침내는 나와 A를 아는 사람의 80% 이상이 불화를 아는 지경에 이른다. 그것도 맨 처음 내가 늘어놓은 불평은 한껏 부풀려진 소문의 살에 파묻혀 뼈대도 짐작하기 어려울 정도다. 소문은 돌고 돌아 마침내 A의 귀에도 전해진다. A가 격분했으리라는 것은 말하나 마나다. 소문의 진원지인 나와 A 사이에 새로운 오해가 생기고 골이 더 깊어져 회복할 수 없는 단계로까지 치닫는 건 시간문제다. 그것은 사회생활을 하는 사람으로서는, 특히나 세일즈를 하는 사람으로서는 치명적인 화근이 될 수 있다. 이는 우리가 각자의 관계망을 동원하면 절대로 '남이 아닌' 까닭이다.

절대 입조심 강조 차원에서 하는 말이 아니다. 물론 입조심도 당연한 덕목이지만 인간 사회가 그만큼 좁다는 걸 명심해야 한다는 의미다. 가벼운 사람, 신뢰하기 어려운 사람으로 한 번 낙인이 찍히면 그동안 쌓아 온 모든 것이 허물어질 수도 있다. 완벽한 인프라의 허브는커녕, 인프라의 늪에 빠져 허우적거릴 수 있는 것이다.

완벽한 인프라의 허브가 되라는 건 나를 통하면 그 누구와도 연결될 수 있으며, 어떤 문제든 해결된다고 하는 센터적 의미가 있다. 또한 그들의 윤활유가 되어야 한다는 의미도 된다. 위에서 가정한 것처럼 껄끄러운 트러블 메이커가 되어서는 작은 성취도 내 것이 될 수 없다.

그저 보험 상품을 소개하는 에이전트가 되고 싶은가? 아니면 모든 문제를 해결할 수 있는 든든한 존재가 되고 싶은가? 그 대답은 하나마나일 것이다.

플러스마이너스 제로(±0)의 인간이 되어라

세일즈를 하는 사람들은 에너지가 무한정 넘쳐서는 안 된다. 반대로 에너지가 모자라서도 안 된다(자칫 오해의 소지가 있을 것 같아 덧붙이자면, 여기서 에너지는 열정을 뜻하는 말이 아니다. 자기 표현의 강도, 즉 토론에서 이기려하는 근성을 말하는 것이다). 즉, 자신을 에너지 제로 상태로 만들어야 한다.

세일즈맨의 에너지가 넘치면, 즉 자기표현이 지나치면 상대방이 불편해진다. 이와 반대로 에너지가 모자라 자기표현이 부족하면 상대방을 지루하게 할 것이다.

어떤 경우에도 세일즈를 하는 사람은 상대방을 압도하는 태양과 같은 존재가 되어서도, 상대방의 뜻이나 기분을 꺾는 블랙홀 같은 존재가 되어서도 안 된다.

어떤 자리에서든 튀는 사람이 있고, 그림자처럼 숨어 있는 사람이 있다. 수다스런 사람이 있는가 하면, 답답하리만큼 말수가 적은 사람이 있다. 세일즈맨은 이 모든 부류의 사람이 되어야 한다. **숙련된 배우처럼 자신이 어떤 역할을 맡아야 하는지 재빨리 파악해야 한다는 뜻이다.**

만약 상대방이 에너지를 적극적으로 발산하는 사람이거나, 자기 말을 들어 주길 원하는 사람이라면 내 쪽에서 그의 에너지를 흡수해 균형을 맞춰 줘야 한다. 이와 반대로 상대방이 에너지가 부족한 사람이어서 자신을 잘 드러내지 못하거나 드러내지 않으려고 한다면 요란스럽지 않게 그의 기운을 북돋워 줘야 한다.

농도가 다른 두 액체를 반투막으로 막아 놓았을 때, 농도가 낮은 쪽에서 농도가 높은 쪽으로 용매가 옮겨 가 두 액체의 농도가 서로 같아지는 삼투작용을 연상하면 된다. 두 사람이 만났을 때 그 두 사람의 에너지가 합하여 제로 상태에 이르면 최적의 조합이 되는 것이다.

제로 상태란 100% 효율을 내기 위한 준비 단계, 즉 도움닫기의 순간이다. 발판을 딛고 최대한 높이 날아오르는 일만 남은 단계인 것이다. 바람직한 세일즈맨이 되려면 플러스마이너스 제로(±0) 상태의 기본자세와 풍향계의 추처럼 정중앙에 자신을 놓을 줄 아는 균형 감각이 필요하다.

예를 들면 이 원리는 토론에서도 그대로 드러난다. 열띤 토론을 하다 보면 반드시 이기고 싶을 때가 있다. 그것이 보통 인간의 심리다. 하지만 우리 세일즈맨은 절대로 이기고자 상대를 눌러서는 안 된다. 그 토론에서 내가 이길지라도 진 상대방은 자존심을 잃고 승리한 나는 사람을 잃게 된다.

가족과 동료에게 먼저 자신을 세일즈하라

세일즈맨은 고객이 있어야 존재하는 사람이다. 고객이 없으면 세일즈맨도 없고, 세일즈란 개념부터가 성립되지 않는다.

세일즈맨에게는 세 종류의 고객이 있다.

첫 번째 고객은 계약자로 세일즈맨이 취급하는 상품을 매개로 계약 관계를 맺는 일반적인 고객이다. 두 번째 고객은 내부 고객, 즉 동료와 가족이다. 상품이 오고 가는 계약과는 무관하지만 세일즈맨이 뒷심을 발휘하도록 지원해 줄 수 있는 든든한 후원자들이다. 마지막으로 세 번째 고객은 바로 세일즈맨 자신이다.

첫 번째 고객인 계약자에게만 최선을 다하는 세일즈맨은 그저 열심히 하는 세일즈맨이다. 단지 그뿐이다. 그 이상의 성장은 기대하기 어렵다. 첫 번째 고객과 두 번째 내부 고객에게 최선을 다하는 세일즈맨이라면 성공한 세일즈맨이다. 첫 번째와 두 번째 고객은 물론, 세 번째 고객인 자신에게도 최선을 다하는 세일즈맨은 크게 성공한 세일즈맨이다. 그는 최고의 세일즈맨이며, 행복한 세일즈맨이다.

나는 무엇보다 행복한 세일즈맨이 되고 싶다.

세일즈의 근간은 사람이다. 세일즈는 사람에서 시작되고, 사람으로 끝이 난다. 계약자든 동료든 인간관계가 세일즈맨으로서의 성공 여부를 좌우한다. 에이전트들 중에는 동료들과 마찰을 빚는 유형이 있다. 그런 유형이 빠지기 쉬운 가장 큰 함정은 고객들에게만 최선을 다하면 된다고 믿는다는 점이다. 그런 사람들은 가까운 거리의 동료들이야말로 성가신 경쟁자들일 뿐이라고 생각한다.

과연 그럴까? 나는 그가 말하는 최선을 믿지 않는다. 최선을 다한 결과 일시적으로 계약자에게는 매너 좋은 에이전트로 비쳐질지 모르지만 길게 가기는 어렵다고 본다. 동료들과 원만히 지내지 못하는 에이전트는 고객과도 말썽이 생길 소지가 많기 때문이다.

어느 지점에든 독불장군이 있는데 Z가 바로 그런 유형이었다. 그는 실적으로나 상사의 신임도로나 승승장구하던 인물이었다.

"당신, 정말 놀라워."

"이봐, Z. 대체 비결이 뭔가?"

그는 주위의 부러운 시선을 한 몸에 받았다. 그러나 Z는 동료들이 자신을 견제하거나 시샘한다고 생각했다. Z는 자신의 능력과 배경을 과신한 나머지 안하무인이었고 주위 동료들의 조언이나 부탁을 무시하기 일쑤였다. 자신이 다른 동료의 부탁을 들어주면 그만큼 자신이 손해를 본다고 여긴 탓이다. 그런 Z였던 만큼 자신의 문제로도 동료의 도움을 받아 본 적이 없었다. 그는 자신만만했다. 자신의 힘으로 모든 문제를 처리해 나갔으므로 타인의 도움이 필요한 순간이 찾아오리라고는 생각조차 하지 않았다.

그 도도한 Z가 어느 날 작은 난관에 봉착했다. 애를 써보았지만 역부족이었다. Z는 주위를 돌아보았다. 하지만 아무도 그에게 관심을 보이지 않았다. 염치불구하고 조언을 구했지만 누구도 나서서 도와주지 않았다. 그러자 Z는 자신이 부당한 따돌림을 받고 있다고 호소했다. 자신이 그 불화의 원인이었음을 인정하고 싶지는 않았던 것이다. 자신의 능력만으로는 더 이상 회사의 기대치를 맞추지 못할 때, 상사의 신임도 철회될 수밖에 없다. 결국 Z는 얼마 안 가 회사를 그만두고 말았다.

당신이 Z와 같은 유형의 동료인지 아닌지 스스로에게 물어보라. 가장 앞서 나가는 것처럼 보이던 Z 유형의 사람이 어느 시점에서부터는 동료들 뒤로 처지기 시작하는 걸 가끔 보아 왔다. 내가 아는 한 Z와 같은 독불장군은 다른 집단에 가서도 비슷한 전철을 밟는다. 어떤 집단이라도 트러블 메이커는 고립될 수밖에 없다. 세일즈맨에게 고립은 치명타다.

유능한 세일즈맨은 다른 대인관계에서도 유능하다. 그러므로 먼저 동료들과 가족에게 자신을 세일즈할 수 있어야 한다. 그들에게도 나를 팔아라. 동료와 가족의 인정을 받는 세일즈맨이라면 고객의 인정을 받는 것쯤은 그다지 어려운 일이 아니다.

나도 처음에는 쉽지 않았다. 가족에게 나를 세일즈하는 데 실패했던 것이다. 나는 보험업계에 입문한 이후에 결혼식을 올렸다. 보험 에이전트에게 귀한 딸을 주신 것으로 봐서는 보험에 대해 큰 편견이 없으리라 여겼지만, 아마도 내 착각이었던 모양이었다.

예식을 앞두고 하객을 맞이하느라 엘리베이터 앞에 서 있었는데, 마침 엘리베이터에서 장모님 친구분이 내리면서 슬쩍 물어보셨다.

"사위가 무슨 일을 해?"

"외국계 회사에 다녀."

순간 낯이 뜨거웠다. '장모님이 나와 내 일을 떳떳하게 여기시지 않는구나. 직업조차 밝히기 민망한 존재로구나' 하는 생각에 속으로는 서운했지만 내색할 수 없었다. 곧 예식이 시작될 참이었기에 자괴감을 꾹 누르고 표정 관리에 들어갈 수밖에 없었다.

신혼 초, 아내와 몇 번인가 티격태격할 때 나는 그때의 일을 들먹였다. 장모님 말씀이 섭섭했느니 어쩌니 하면서 죄 없는 아내에게 소심한 복수를 한 것이다.

메트라이프가 외국계 회사이긴 하지만 그래도 그렇지, 사위가 보험회사에 다닌다고 당당히 말씀하시기가 그렇게 어려우셨을까? 물론 지금은 장모님뿐 아니라 처가 식구들 모두에게 나를 세일즈하는 데 성공했지만 말이다.

나만의 네트워크를 구축하라

　다단계판매라고도 하고 피라미드판매라고도 하는 네트워크마케팅이 우리 사회에 큰 파문을 일으킨 적이 있다. 여기서 말하는 네트워크는 그런 것이 아니라 인간 관계 구축이라는 뜻이다. 인간은 사회적 동물임을 굳이 강조하지 않더라도 인간은 여러 네트워크에 묶여 있다. 가족과 친척, 동창회나 각종 동호회, 회사 동료 등등. 네트워크에서 가장 중요한 것은 신뢰이다. 상호간의 믿음이 없으면 네트워크는 붕괴된다. 보험도 마찬가지다. 고객과 에이전트, 고객과 회사, 에이전트와 회사와의 상호 신뢰를 바탕으로 형성된 것이 바로 보험이다. 즉 전체적으로 유기적인 나만의 허브(Hub)를 구축하라는 것이다.

　근본적으로 신뢰가 있어야 성립되는 것이 바로 보험이지만, 여기에서 강조하는 것은 에이전트 스스로의 인간관계를 얼마나 어떻게 형성하느냐 하는 것이다. 그런데 많은 사람들이 착각하는 것이 있다.

신뢰라는 것이 〈삼국지〉의 도원결의처럼 유비와 관우와 장비가 단지(斷指)를 하고 피를 섞은 술을 함께 마셔야 성립된다고 생각하는 것이다. **그러나 사실 인간관계의 신뢰란 작은 것에서부터 이루어진다.** 그것은 사소한 약속 혹은 함께하는 자리에서의 평소의 언행 등에서 시작된다. 약속 시간마다 늦는 친구가 있다면, 혹은 함께 어딜 가기로 해 놓고 갑자기 약속을 취소하는 친구가 있다면 당신은 그 사람을 신뢰하겠는가? 함께 이야기를 하다 보면 어떤 사건에 대해 자기 자랑을 하거나 부풀려 이야기한다면 그 사람을 당신은 믿을 수 있겠는가? 생각해 보면 주위 친구 중에 "그 친구라면 신뢰할 수 있어"라고 꼽을 수 있는 사람이 있다. 만약 그런 사람이 없다면 당신은 인생을 잘못 산 것이다. 만약 그렇다면 당신은 이 업계에서 살아남을 수 없다. 그렇다고 무조건 사람을 믿으란 것은 아니다.

인간 신뢰(네트워크)의 첫째 단계는 사소한 것부터 출발한다. 여기에서 더 나아가려면 남에게 당신이 도움을 줄 수 있어야 한다. 친구가 어렵다고 도움을 요청한다고 하자. 그 도움은 여러 가지 종류일 수 있다. 돈을 꿔달라고 하는 수도 있고, 이삿짐을 날라달라고 할 수도 있고, 함께 술 마셔달라는 것일 수도 있다. 그러한 요구는 모두 들어줄 수가 없다. 하지만 정성을 가지고 성심성의껏 진지하게 대해야 한다. 그리고 거절할 수밖에 없을 때는 그 거절을 분명히 하고 이유를 밝혀야 한다.

　네트워크에 있어서 중요한 것은 상당히 많다. 화술이나 언변 외모도 알게 모르게 작용하고 학벌이나 출신 지역도 작용한다. **그렇게 때문에 네트워크의 형성에 대한 정답은 없다.** 이것이야말로 사회에서 적응하면서 살아온 자신의 총화이기 때문에, 꾸준히 노력해서 자신의 입지를 강화하고 새로운 네트워크를 형성해 나갈 노력을 계속해 나가는 수밖에 없다. **그래서 나만의 네트워크를 구축하라고 한 것이다.**

　또한 네트워크란 정보의 총합이기도 하다. 인터넷을 통해 알 수 있는 정보보다 사람을 통해 알 수 있는 정보는 훨씬 고급하고 값진 것이다. 네트워크의 힘은 눈덩이와도 같다. 처음에는 어려운 것 같지만 조그만 신뢰가 쌓여 소그룹에 네트워크가 형성되면, 그 소그룹들이 다시 큰 네트워크가 되고 이것이 다시 뭉치면 엄청난 위력을 발휘하게 된다. 하지만 네트워크 형성에 가장 중요한 것은 항상 가족과 친구나 동료들과 같은 항상 주위의 가까운 사람들로부터 시작한다는 것을 명심하자. 그것이 허브 구축의 출발이자 끝이라고 해도 과언이 아니다.

PART5 이미지 세일즈

자신을 끊임없이 업그레이드하라

세일즈를 처음 시작했을 때 나는 주말을 이용해 이미지 컨설턴트 과정을 밟기로 했다. 나름 고심 끝에 내린 결정이었다. 함께 입사한 동료들은 대부분 경제 관련 공부나 경제 관련 자격증을 따는 데 주말을 할애했다. 팀장님이나 동료들은 보험 세일즈를 하려면 차라리 금융 분야의 자격증을 따 두는 게 훨씬 유리하다는 말로 우려를 나타냈다. 틀린 말은 아니었다. 하지만 나는 조금 다르게 접근했다.

세일즈는 사람과 사람의 관계에서 시작하는 일이다. 사람을 통하지 않고는 어떤 결과도 이끌어낼 수 없다. 그만큼 내가 상대방에게 어떻게 비춰지는지가 관건이라고 생각했다.

세일즈를 위해 고객과 접촉할 수 있는 방법은 대개 둘로 나뉜다.

첫 번째는 지인이나 주변의 소개에 기대는 것이고, 두 번째는 개척을 통해 고객을 새롭게 창출하는 것이다.

나는 어느 쪽이든 내 이미지가 전략적으로 아주 중요하다고 판단했다. 상대방이 호감을 가질 수 있도록 외모나 분위기의 장점을 최대한 살려야 한다고 강하게 느꼈기에 나는 토요일 오전 10시~오후 5시까지 진행되는 6개월 과정의 이미지 컨설턴트 스쿨 수업에 등록했다.

사실 나는 썩 잘생긴 얼굴이 아니다. 키도 작은 축에 든다. 입사할 때 나를 면접했던 상사는 개그맨 옥동자와 닮았다고 놀리기도 하셨다. 내 외적 조건이 불리하다는 말일 수도 있었다. 소위 말하는 얼짱도 몸짱도 아니기에 좋은 이미지로 승부해야 했다. 뒤처지는 외모 및 행동 패턴을 커버할 수 있는 다른 무기가 필요했다. 기왕 못생겼으면 귀엽게라도 보여야 한다는 생각이었다.

'만나면 즐겁기라도 해야 한다. 그래야 나를 소개해 준 분에게 진 부담을 덜 수 있다. 그래야 귀한 시간을 내 나를 만나 주는 분들에게도 덜 미안하다. 좋은 이미지, 유쾌한 이미지가 좋은 결과로 이어지는 건 당연한 이치다.'

그렇게 볼 때 외모를 근사하게 꾸미는 법, 미소와 화술, 상담 심리, 마인드 컨트롤 등을 배우는 게 결코 시간낭비가 아니었다. 그래서 정식으로 이미지 컨설턴트 과정을 수료하고 자격증을 취득했다. 이미지업 강의도 하면서 나는 이 분야의 필요성을 새삼 절감했다. 지금까지도 나는 6개월 동안의 이미지 컨설턴트 과정이 꼭 필요했고 도움이 되는 탁월한 투자였다고 생각한다.

우리 일은 한마디로 요약해 자신을 파는 일이다. 나를 통해 고객은 상품과 만난다. 아무리 상품이 좋더라도 그걸 판매하는 사람이 미심쩍으면 고객은 결정을 보류하게 마련이다. 그만큼 첫인상, 즉 고객이 에이전트에게서 받는 이미지가 결정적이다. 나아가 고객의 눈높이에 맞는 상담 양식, 프레젠테이션 기법을 개발해 나가야 한다. 적절한 어휘를 사용하고 적당한 표현을 구사할 수 있는 국어 능력을 키워야 함은 말할 것도 없다. 아울러 책을 많이 읽는 것도 세일즈맨에게는 꼭 필요한 투자다. 비단 세일즈맨일 뿐이랴. 어느 분야든 그 분야 고수들의 공통점은 독서량이 만만찮다는 점이다.

시간에 쫓긴다고? 경제신문을 구독하는 것도 벅찬가? 그 많은 책 가운데 어떤 책을 읽어야 할지 알 수 없다고? 시간이 없으면 시간을 만들어라. 화장실에 비치해 놓고 잠깐씩 들여다보는 것도 방법이다. 정독이 어렵다면 필요한 부분을 골라 집중해서 읽어라. 때로는 잘못된 정보도 정보다. 왜 그런 잘못된 판단을 내리게 되었는지 그 과정을 분석하는 것도 도움이 된다.

어떤 책을 읽어야 할지 알 수 없을 땐 주위의 동료들에게, 혹은 존경할 만한 고객에게 최근 어떤 책을 읽고 있는지, 추천해 줄 만한 책으로는 어떤 책이 있는지 물어라. 그런 고상한 질문을 마다할 사람은 없을 것이다. 책을 통해 친밀감이 쌓이면 보다 깊은 대화까지 가능해진다. 이야말로 일석이조 아닌가!

진부한 잔소리로 들리겠지만, 책은 마음의 양식이다. 책 읽기만큼 자신의 내면을 가꾸는 데 도움이 되는 것도 없다. 읽은 책의 높이만큼 내공이 쌓인다. 내공은 외모와 말투에서 드러나는 이미지를 뒷받침해 주고 보완해 준다. 때로는 내공이 에이전트의 전부인 순간도 있다.

생물학적 나이보다 최소한 10년쯤은 더 어른스러운 내면을 갖추려면 눈과 귀를 열어 두어야 한다. 마음의 양식이 될 만한 책과 현명한 고객을 가까이하는 것이 좋은 방법임을 잊지 마라.

사람들과 자주 만나 경험의 폭을 넓혀라

인생의 쓴맛 단맛은 저절로 알아지는 게 아니다. 통찰력이나 직관력이 뛰어난 사람이라면 겪어 보지 않고도 그 맛을 두루뭉술하게나마 짐작할 수 있을 것이다. 그러나 그것으로는 부족하다. 제일 좋은 건 경험이지만 100세까지 살더라도 세상에서 일어나는 모든 일을 다 경험할 수는 없다. 가장 좋은 방법은 공부하는 것이다. 인생 공부만큼 중요한 공부는 없다.

인생 공부를 딱히 어떻게 하느냐고? 방법은 한 가지, 과외 수업을 받는 것이다. 과외 선생님은 세상에 널려 있다. 마음을 열어 귀를 기울이고 겸손하게 가르침을 내 마음에 새긴다면 점수를 확 끌어 올려 인생이라는 과목의 우등생이 될 수 있다.그렇다고 뭐 대단히 어려운 공부는 아니다. 이미 많은 사람이 하고 있는 공부이기도 하고, 자신도 모르는 새 하고 있는 공부이기도 하니까 말이다.

뒤에서도 이야기하겠지만 외모는 10년 젊게 가꾸되, 내면은 10년 혹은 20년쯤 늙을 필요가 있다. 겉늙은이가 되라는 말이 아니다. 나이 든 사람에게서 배어 나오는 지혜를 내 안에 스며들게 하라는 말이다. 그러려면 다양한 사람들을 많이 만나 그들의 경험을 들어야 한다. 지혜로운 사람으로 불릴지 어리석은 사람으로 불릴지는 남의 경험을 내 것으로 소화하는 능력에 달려 있다.

경험의 폭을 넓혀라. 앞에서도 언급했지만 인생은 깊이도 중요하지만, 넓이도 깊이 못지않게 중요하다.

젊은 친구들은 절대 경험을 무시하는 경향이 있다. 젊음과 패기로 난관을 헤쳐 나갈 수 있다고 큰소리친다. 업적만 중요시하는 풍토가 안타깝기만 하다. 한 달에 3만 원짜리 계약이라고 해서 소홀히 여기지 마라. 액수가 작다고 해서 30만 원, 300만 원짜리 계약과 다르지 않다. 커미션은 다르겠지만 똑같은 벽돌 한 장이다. 이 벽돌을 차곡차곡 쌓아 올려야 튼튼한 집을 지을 수 있다.

10명과 상담한 에이전트와 100명과 상담한 에이전트는 다르다. 그 또한 경험이 말해준다. 고기도 먹어 본 사람이 먹는다고, 연애도 해 본 사람이 한다. 모든 분야가 그렇다. 탁구 선수가 드라이브를 완벽하게 구사하려면 최소한 만 번 정도 훈련해야 한다고 한다.

나는 무슨 일이 있어도 하루에 3명 이상의 사람을 만난다. 가망 고객이든 기존 고객이든 상관없다. 주말을 빼고 일주일이면 15명 이상을 만나는 셈이고, 한 달이면 60명 이상을 만나는 셈이다. 이렇게 사람들과 자꾸 만나다 보면 특별히 목표로 삼지 않아도 잠재적 고객과 연결되는 일도 생긴다.

세일즈맨은 자신이 만나는 사람이 곧 재산이다. 그들을 통해 내 것으로 흡수한 경험이 많으면 많을수록 세일즈맨으로 성공할 가능성이 커진다. 인간적으로 성숙해지는 건 말할 것도 없다. 다른 사람의 멘토가 될 자격이 있다는 소리를 들을 정도로 자신을 지혜롭게 만들어라.

이 글을 쓰다 보니 결혼 허락을 받기 위해 여자 친구의 집을 방문했을 때가 생각난다. 당시 나는 보험 에이전트 초년병 시절이었다. 아직은 가진 것보다 빚이 더 많았던 때라 스스로 위축되는 감이 없지 않았다. 여자 친구의 부모님이 보험 세일즈에 대해 지극히 일반적인 편견을 가지고 계시면 어쩌나 하는 생각에 마음이 조마조마했다. 아무튼 어려운 자리였다.

식사를 준비해 놓으셔서 부모님과 같이 식탁에 앉았는데, 점수를 따고 싶은 마음에 평소 한 그릇이면 충분할 밥을 두 그릇이나 아주 맛나게 먹어치웠다. 밥을 맛있게 잘 먹는 사람이 성격도 좋고 복이 들어온다는 속설에라도 기대 볼 요량이었던 것이다.

장인 되실 분은 별 말씀이 없으셨고 장모 되실 분이 양친은 살아 계시는지, 형제는 몇인지, 지금 하는 일은 무엇인지 이것저것 질문을 던지셨다.

여자 친구를 통해 벌써 알고 계실 법한 내용들이었다. 고이 기른 딸자식 채가려는 불한당 같은 놈, 어디 말하는 본새나 대거리하는 자세라도 보자며 평가할 심산은 아니셨을까? 내 딸자식 믿고 맡겨도 좋을 놈일지 아닐지 눈에 보이지 않는 자로 재시면서 말이다. 하지만 저녁 내내 장인 되실 분은 가만히 듣고 계시기만 할 뿐 특별히 궁금한 걸 묻거나 끼어드시지 않았다. 질문을 던지시는 분보다 침묵으로 일관하시는 분이 더 어렵게 느껴지던 자리였다.

다음 날 여자 친구는 "아빠가 당신을 그렇게 잠깐 보셨는데도 성격을 다 파악하시던데?"라며 아버지의 감정 결과를 전해 주었다. 거의 족집게라 할 만큼 나 스스로도 수긍할 수밖에 없는 감정 결과였다.

척 보면 아는 것, 한두 마디만 들어 봐도 상대방이 어떤 사람인지 풀어 낼 수 있는 예리한 통찰력, 그것이 바로 경륜으로 생의 경험에서 우러나오는 것이다.

절대 경험을 무시하지 마라. 금과옥조로 여겨라. 보험뿐 아니라 다른 어떤 일을 하더라도 잊어서는 안 될 말일 것이다.

외모도 중요한 경쟁력이다

짧게 스치는 눈길 한 번으로 우리는 상대방을 판단한다. 단 몇 초 만에 사랑의 감정이 싹트기도 하고 혐오감을 느끼기도 한다. 그것이 첫인상이다.

첫인상이 나쁘면 웬만해선 상대방을 좋아하기 어렵다. 일단 한 번 부정적인 인상을 받게 되면 판단자의 내면에 편견이 생겨 선의를 의심받기도 한다. 열 길 물속은 알아도 한 길 사람 속은 모른다는 속담은 엎치락뒤치락하며 친교와 배신의 세월을 보내고 나서야 뒤늦게 터져 나오는 탄식이다.

외모가 그 사람의 전부를 말해 주지는 않지만 외모를 통해 느껴지는 첫인상은 매우 중요하다. 세일즈를 하는 사람에게는 특히 그렇다.

세일즈맨은 늘 지극히 짧은 순간에 판단을 당할 상황에 놓이는 처지다. 좋은 첫인상은 세일즈의 첫 번째 관문이다. 따라서 훌륭한 외모는 세일즈맨의 중요한 자질이다. 배우처럼 잘생긴 외모를 말하는 건 아니다. 외모가 뛰어난 사람이라면 한두 번은 그 덕을 보기야 하겠지만 여기서 말하는 것은 미모와는 다른 차원이다. 친밀감과 신뢰감을 주는 외모야말로 진정 훌륭하다. 인간적 매력이 느껴지도록 자신의 외모와 내면을 끊임없이 가꿔라.

기왕이면 상큼하면서도 세련된 분위기로 상대방의 호감을 사도록 자신의 용모를 가꾸어야 한다.

앞에서도 언급했지만 입사 면접을 볼 때 나는 외모에 전혀 신경을 쓰지 않았다가 탈락할 뻔했다. 작업실에서 음표와 씨름하는 작곡가라면 모를까, 첫인상에 거의 모든 성패가 달린 세일즈맨으로서는 실격이라고 할 수 있다. 지금도 그 생각을 하면 얼굴이 화끈거린다. 세일즈맨으로서 나의 첫걸음은 그렇게 실수투성이였다.

여러모로 볼 때 나는 미적 안목이 뛰어난 편은 아니다. 노력한다고 안목을 단기간에 향상시킬 수도 없다. 스스로 모든 일을 전부 잘 해결할 수도 없거니와 때로는 시간이 더 걸리기도 한다. 그렇기 때문에 전문가의 도움을 받는 데 주저하지 않는다. 전문가의 도움을 받으면 시간을 절약하고 최대의 효과를 얻을 수도 있다.

내게 맞는 헤어스타일을 위해 나는 헤어 디자이너에게 내가 하는 일을 설명한다. 내가 주로 만나는 사람들의 직업이나 성향을 설명해 주고 그런 대인관계 범위에 어울리는 헤어스타일을 제안해 달라고 부탁하는 것이다.

의상도 마찬가지다. 내가 선호하는 몇몇 브랜드 샵 매니저의 조언을 최대한 수용한다. 그러나 전문가에게 맡기되, 자신의 이미지를 알고 스스로 활용하는 것도 중요하다. 매일 아침 의류 매장으로 출근할 수는 없지 않은가.

《설득의 법칙》,《나를 세일즈하라》의 저자 로저 도슨은 '사업상 옷에 투자하는 것은 자동차에 돈을 쓰는 것만큼 중요하다' 라고 말한 바 있다. 나는 그의 말이 지당하다고 생각한다. 온몸을 명품으로 휘감는다고 해서 저절로 베스트 드레서가 되는 건 아니다. 진정한 베스트 드레서는 자신에게 가장 잘 어울리는 자기만의 스타일이 있는 사람이다. 세련미가 있다는 말은 그럴 때 붙인다.

대접을 받고 싶으면 자신이 원하는 수준의 대접을 받을 수 있도록 분위기를 연출할 줄 알아야 한다. 좋은 자동차를 타는 것은 그 자동차를 탈 만한 사람으로 보이길 원해서다.

여자들은 백화점으로 쇼핑갈 때 화장과 의상에 신경을 쓴다고 한다. 시장에 갈 때처럼 편하고 가벼운 차림으로는 판매원의 관심을 받지 못하기 때문이다. 외모를 보고 사람을 평가하는 것을 옳다고 말할 수는 없겠지만 현실이 그렇다. 후줄근한 차림의 고객은 지갑을 열 확률이 적다고 보는 것이다.

이와 마찬가지로 성공한 세일즈맨은 좋은 자동차를 탄다. 역설적이지만 고객의 입장에서는 좋은 자동차를 타는 세일즈맨을 신뢰할 만하다고 여긴다. 그럴 때 자동차는 다른 고객들에게서 인정받는 세일즈맨이라는 증거 자료가 되어 준다. 물론 도가 지나치면 꼴불견이 될 수도 있다.

자동차뿐 아니라 의복이든 소품이든 능력을 넘어서는 과시용은 좋지 않다. 거들먹거리는 인상만 주기 쉽기에 절제가 필요하다. 그러나 투자는 아끼지 말아야 한다.

나이보다 젊어 보인다는 말을 듣기 싫어할 사람은 아마도 없을 것이다. 요즘에는 남자들도 동안이라는 말을 칭찬으로 여긴다. 남자든 여자든 자신을 멋있고 아름답게 가꾸는 건 바람직한 일이다. 보는 이의 시선을 끌기도 하지만 스스로에게도 자신감을 심어 주고, 최소한 나태하거나 자기관리에 게으른 사람으로 비쳐지지 않는다.

젊어 보인다는 말은 칭찬이지만 철이 없어 보인다는 말을 칭찬으로 듣기는 어려울 것이다. 나잇값을 못하거나 속이 깊지 않다는 평가이기 때문이다. 젊어 보이는 게 좋은 경우는 어디까지나 외모에 국한해서다.

속이 깊고 진중한지, 가볍고 얄팍한지는 굳이 증명해 보이지 않더라도 단박에 드러난다. 무심히 내뱉는 말 한두 마디, 습관적인 손짓 하나면 충분하다. 고객의 눈은 뜻밖에 매섭다. 그러므로 외모 못지않게 내면 또한 가꾸는 일에 소홀히 하지 말아야 한다.

실적보다 성실한 커리어를 쌓아라

내가 몸담고 있는 메트라이프생명의 에이전트들뿐 아니라 전 세계 보험인들이 오르고 싶어 하는 명예의 전당이 있으니 바로 MDRT, COT, TOT다. 이는 업적, 즉 보험 계약 실적에 대한 커리어라고 할 수 있다.

기준은 보험료와 커미션 기준으로 일정 이상의 실적을 달성한 사람과 함께 보험 영업 활동 중 윤리적으로 문제가 없는 설계사를 대상으로 매년 자격을 평가한다.

MDRT란 Million Dollar Round Table의 약자로서 1927년 미국에서 그해 보험금 기준으로 100만 달러 이상을 계약한 사람들이 만든 조직으로, 현재까지 보험업계의 명예의 전당으로 불리는 단체다. 최고의 보험인을 상징하는 징표로 연간 총 보험료가 1억 2천만 원 이상이어야 회원 자격이 주어진다.

COT란 Court Of The Table의 약자로 MDRT 가입 기준보다 3배 이상 실적이 높은 경우에만 회원 자격이 주어진다.

TOT는 Top of the Table의 약자로 MDRT 기준의 6배에 해당하는 실적을 거둔 설계사에게 주어지는 보험 에이전트 최고의 영예다. 전 세계적으로 0.1%의 에이전트만이 이 클럽에 속해 있으며, 우리나라에서는 매년 20명 내외만이 이 기준을 달성하고 있다.

그리고 3W란 용어가 있는데, 이는 1주일에 3건의 신규 계약을 하는 걸 말한다. '3W를 몇 주 연속 달성하고 있는가' 라는 기록도 커리어를 알 수 있는 중요한 척도다. 이를테면 3W는 에이전트로서의 성실도를 측정하는 커리어라고 할 수 있다. 나는 현재 300주 고지를 향해 전진 중이다.

3W 연속 행진과 관련해 가슴 아팠던 기억이 있다.

2004년 1월, 첫째 아이가 태어날 당시 우리 가족은 보증금 3,000만 원에 35만 원씩 월세를 내야 하는 집에 살고 있었다. 보험 에이전트로 뛰면서 남들보다 좋은 실적을 올리긴 했지만 결혼 전에 사업하느라 진 빚을 갚느라 아직은 변변한 전셋집으로 이사할 여력이 없을 때였다.

한 달 생활비로 50만 원을 지출하기도 버거울 때였으니 아내의 마음고생도 적진 않았을 터였다. 처가에서 귀한 딸 고생시킨다고 탐탁지 않아 하신 것도 지금 생각하면 무리가 아니었지 싶다. 그러나 아내는 늘 내 편이 되어 주었다.

첫째 아이는 9개월 만에 몸무게 2.5킬로그램으로 태어났다. 신생아 평균에 못 미치는 체중이었다. 게다가 전치태반이어서 아내와 아이 모두 고생이 많았다. 그런 상황에서도 나는 출근을 서둘렀다. 하필 그 주의 실적이 별로였기 때문이었다.

"옆에 있어 주면 안 돼요?"

지친 아내의 부탁이었다. 그때만큼은 아내도 무섭고 불안했던 모양이었다. 하지만 나는 3W에 대한 부담 때문에 선뜻 그러겠노라고 대답할 수 없었다. 아니 머릿속에는 벌써 고객을 만나 브리핑할 생각으로 꽉 차 있었다.

"미안해. 가능하면 빨리 돌아올게."

아내도 그랬지만 장모님도 상당히 섭섭해 하셨다. 이해가 가는 일이었다. 나는 돌아 나오면서 나 자신에게 물었다.

'김용일, 너는 아이와 아내보다 실적이 더 중요해?'

당연히 아이와 아내가 더 중요했다. 그러나 에이전트로서 3W도 중요했다. 그것은 나와의 약속이었다. 나는 나 자신을 설득했다.

'이번 주에도 3W를 채운다면 그건 이제 막 세상에 나온 내 아이를 위한 선물이다.'

그날 하루는 착잡하면서도 한편으로는 마음이 뜨거웠다. 나는 눈도 제대로 뜨지 못하는 내 아들과, 곁에 있어 주지 못하는 남편 때문

에 서러워할 아내를 생각하며 고객들을 만났다. 그 주의 3W는 다른
어느 때보다 더 의미가 깊은 3W였다.

군대는 가장 대표적인 계급사회다. 소령, 중령, 대령으로 진급해서
도 소수만이 별을 단다. 진급의 마지막 단계를 거쳐 최종적으로 국방
부 장관도 될 수 있듯이 보험업계에도 코스란 것이 있다. 그것이 커
리어다.

코스를 무시하지 마라. 인생 커리어가 있듯이 세일즈 커리어를 쌓
아 나가라. 커리어는 곧 성실성이다. 성실성이 없으면 롱런은 불가능
하다. 이 성실성은 곧 네트워크로 연결된다. 네트워크가 구축되면 가
속도가 붙어 저절로 굴러가는 무거운 쇠바퀴처럼 실적이 연결될 수
있다. 처음에 쇠바퀴를 굴리기가 힘들지 그 다음부터는 관성의 법칙
이 적용된다는 말이다. 하지만 처음 네트워크를 구축할 때까지는 대
단한 인내와 노력이 필요하다. **성실하지 않고는 인간관계의 네트워
크를 구축할 수 없다는 말이다.** 처음 업계에 발을 들여놓고, 나만의
전략을 밀고 나가 네트워크를 형성하는 것, 그것은 궁극적으로 나 자
신을 업그레이드하는 것이 된다. 오래도록 3W를 하고 나면 자신도
모르게 자신감이 붙고, 그 자신감은 고객 고객을 대할 때 말과 행동
에 저절로 드러나게 마련이다. 하지만 나의 업그레이드에는 성실성
이 바탕이 된다는 것을 잠시도 잊어서는 안 된다.

만화가 허영만 선생의 말씀이다. 그분의 후배 중에 천재적인 만화
가가 있는데 늘 1권만 내고 판매 추이를 살핀다고 한다. 1권이 잘 팔

린다 싶으면 그제야 2권 작업에 들어간다는 것이다. 2권이 팔려야 3권을 내는 건 물론이다. 그러다 보니 마지막 편을 내지 못한 채 1권으로 끝나는 경우가 허다하다고 한다.

이와 반대로 허영만 선생은 꾸준하고 성실하게 작업하는 걸 철칙으로 삼는다고 한다. 출간 성공률이 30% 이상인 것은 그 성실성 덕분이라는 것이다.

돌아가신 소설가 이청준 선생도 매일 작업실에서 정해진 분량의 글을 쓰는 걸 원칙으로 삼았다고 한다. 하루라도 그 분량을 채우지 않으면 다른 일을 하시지 않았다는 것이다.

보험 에이전트로서 MDRT, COT, TOT 회원이 된다는 건 분명 명예로운 일이다. 그러나 나는 국내 최연소 TOT 회원이라는 영예보다 3W 연속 300주 달성이라는 커리어를 더 소중하게 여긴다. 3W야말로 내 가족의 행복을 이어가는 원천이라고 생각하는 까닭이다.

자신을 업그레이드하라

세일즈 업무의 대부분은 사람을 만나는 일이다. 고객 중에는 평범한 주부나 회사원도 있겠지만 교수, 의사, 변호사와 같은 고학력의 지식인들도 있다. 이런 고객일수록 보험 에이전트의 입장에서 본다면 구매력이 높은, 즉 계약 단위가 높은 우수 고객일 가능성이 많다. 그런 고객은 자신들의 네트워크가 막강해서 주위 사람들에 대한 파급효과도 크다. 그렇다면 이런 고객들을 대할 때일수록 보험 에이전트는 세심한 주의를 기울여야 한다. 최근의 주요 시사문제, 경제 동향, 문화적 마인드 등을 평소에 익혀두지 않으면 고객들로부터 무시당하기 쉽고 그렇게 되면 결과는 뻔하다.

예를 들어 고객과 레스토랑에서 와인을 곁들인 저녁 식사를 한다고 하자. 요즘 상류층에서는 웰빙 붐을 타고 와인을 상당히 선호하는 경향이 있다. 와인에 대해 비록 잘 모른다고 해도 어는 정도 상식은 있어야 고객의 취향에 맞출 수가 있는 것이다. "저는 와인에 대해서는 잘 모릅니다. 그냥 알아서 주문하시지요." 이렇게 말하는 것도 겸손으로 비쳐질지 모르지만, 까다로운 고객이라면 내색은 하지 않지만 속으로는 조금 경멸할지도 모른다. 그렇다고 와인을 잘 안다고 떠벌리다가는 큰코다칠 수 있다. 그럴 때를 대비해서 기초적인 와인 지식 정도는 습득해 두는 것이 중요하다. 바로 이런 것도 자신의 업그레이드다.

보험 에이전트는 사람을 만나서 인생을 판다. 때문에 팔방미인이 되어야 한다. 만약 라면을 세일즈하는 세일즈맨이라면, 라면에 대한 지식만 충분히 알고 있으면 된다. 하지만 보험 에이전트는 미래의 라이프 스타일, 경제 동향, 환율이나 주가의 변동, 심지어 평균 수명의 변천이나 지구 온난화 현상 등과 같은 사항들도 알아야만 한다. 모른다고? 모르면 공부하라. 그것이 바로 자신의 업그레이드이다. 세상의 누구와도 몇 십 분은 풍부한 화제로 다양하게 이야기할 수 있도록 자신을 업그레이드하라. 그렇다고 달변가나 수다꾼이 되라는 말이 아니다. 상대방 말을 듣고 맞장구를 치는 것도 조금의 지식은 있어야 한다는 것이다.

업그레이드에도 여러 종류가 있다. 외모의 업그레이드, 자동차의 업그레이드, 지식의 업그레이드, 네트워크의 업그레이드…… 이 모든 것이 다 중요하다. **그것이 결국 자신의 이미지다.**

PART6 실천 세일즈

발로 뛰어라.
부지런한 발은 거짓말하지 않는다

보험에 대한 철학이 있고 상담에 재주가 있다 한들, 몸을 움직이지 않으면 아무런 소용이 없다. 귀가할 때 현관 앞에서 자신의 발을 내려다보고 자문해 보라.

'오늘 나는 얼마나 뛰었지? 정말 성실하게 최선을 다한 하루였나?'

그날의 실적보다 더 중요한 건 그날의 성실함이다. 운 좋게 실적을 올린 날보다 열심히 뛰었지만 실적을 올리지 못한 날을 더 자랑스럽게 여겨야 한다. 그리고 대개는 열심히 뛴 날일수록 실적이 좋게 마련이다.

내 발이 부끄럽게 느껴지면 그 자리에서 발길을 돌려라. 이왕 집에다 왔으니 하고 마루로 올라서는 순간 전문가이기를 포기한 것이다.

'딱 오늘만' 하는 유혹을 뿌리쳐야 한다. 그 자리에서 돌아나가 성실하게 발로 뛴 하루였다고 스스로 만족하게 여겨질 때까지 뛰어라. 일반 직장인들이 퇴근하는 시간이라고 해서 갈 곳이 없는 건 아니다. 회사나 공장이 문을 닫는 시간에 문을 여는 업소도 많다. 요즘엔 24시간 영업하는 업종이 늘어가는 추세다. 그 말은 우리 같은 세일즈맨도 24시간 영업이 가능하다는 의미다. 편의점, 찜질방, 대형 패션몰, 24시간 해장국밥집 등등……. 대한민국은 잠들지 않는다. 거대한 불야성이다.

지방으로 출장 갔을 때의 일이다. 늦은 시간에 호텔에 투숙하려니 조금 망설여졌다. 어차피 아침 일찍 나와야 하는데 단 몇 시간을 위해 적잖은 호텔비를 쓰자니 아까운 생각이 들어서였다. 마침 인근의 찜질방 간판이 눈에 띄었다. 옳다구나 싶었다. 나는 거기로 발길을 옮겼다. 넓은 마루 한 켠을 차지하고 편하게 드러누워 텔레비전을 보는 둥 마는 둥 쉬고 있으려니 옆자리에 누워 있던 사람이 잠이 오지 않는지 말을 걸어 왔다.

'어디서 왔느냐? 이곳 사람이냐, 타지 사람이냐' 등등 평범한 질문으로 말문을 텄던 것 같다. 그렇게 해서 이런저런 사는 이야기, 인생살이 고달픈 이야기를 주고받게 되었다. 알고 보니 그도 나와 비슷한 이유로 찜질방을 찾은 터였다. 자연히 서로가 하는 일로 화제가 이어졌다. 투철한 직업 정신을 발휘해 보험의 중요성에 대해 설명한 건

두말할 것도 없다. 그 사람의 마음이 움직인 것인지, 마침 필요하던 차에 나를 만나게 된 것인지 제법 큰 계약이 그 자리에서 성사되었다.

인연이란 그런 것이다. 그리고 기회는 부지런히 발로 움직인 사람의 차지다. 기회를 특혜로 만드느냐, 남의 것으로 만드느냐는 본인의 발에 달려 있다. 세일즈의 세계라면 더더욱 그러하다.

하루는 부산으로 출장을 가 남포동 상가 지역을 걷고 있었다. 나이키 매장 앞을 쓱 지나치는데 진열장에 내걸린 포스터가 시선을 잡아끌었다.

'뭐지?'

걸음을 멈추고 포스터를 들여다보았다. 충격이랄까, 전율이랄까, 감동이랄까? 강렬한 느낌이 전해져 왔다. 반짝 하고 머릿속에 전구가 하나 켜지는 듯한 그런 느낌이었다. 나는 휴대폰 카메라로 그 포스터를 찍었다. 그러고는 6개월가량 그 사진을 보관함에 저장하고 다니면서 기운이 빠질 때, 한 번씩 각오를 다질 때, 그날 찍은 사진을 들여다보곤 했다.

그것은 축구선수 박지성의 발바닥 사진이었는데, 나를 사로잡은 건 발바닥 안에 새겨진 글귀였다.

'그 어떤 위대한 결과도 시작은 여기…'

좌우명과도 같은 한마디였다. 박지성 선수에게도 그랬겠지만 우리 같은 세일즈맨에게도 아주 잘 어울리는 말이라는 생각이 들었다.

나 역시도 맨 처음의 한 걸음이 없었다면 어떻게 그 많은 고객을 만날 수 있었을까? 좌절감으로 다음 걸음을 포기한 채 주저앉아 버렸다면 그 많은 고객에게 어찌 보장을 전달할 수 있었을까?

보험에 대한 자신만의 철학과 탄탄한 내공, 그리고 부지런한 발.

최상의 결과는 이 셋의 환상적인 트리플 플레이에서 나온다. 그중에서도 굳이 하나를 꼽으라면 나는 서슴없이 부지런한 발을 택하겠다. 그 어떤 위대한 실적도 부지런한 발이 받쳐 주지 않으면 기대하기 어렵다. 전화통을 붙들고 지인을 대상으로 영업하는 것은 한계가 있다는 건 세일즈 초보자도 안다.

인터넷의 발달로 요즘 사람들은 정보의 평준화 시대에 살고 있다. 누구나 클릭 몇 번만으로 필요한 정보를 무한정 공유할 수 있다. 똑똑한 사람들로 넘쳐나는 세상인 것이다.

그러나 제아무리 똑똑하다 할지라도 성실한 사람을 이기지는 못한다는 사실을 잊지 마라! 이 사실은 아무리 강조해도 지나치지 않다.

49 : 51의 세일즈 법칙
(두드려라, 그러면 열릴 것이다)

후배들 중에는 될 듯 될 듯하면서 지연되는 계약 때문에 애를 태우는 경우가 종종 있다. 그럴 때면 선배 에이전트에게 도움을 청하기도 한다. 대상자에 대한 브리핑을 하고 결정적인 파워 멘트를 날려 계약이 성사되도록 도와 달라는 것이다. 그런 경우 "그럼 내 몫은 몇 퍼센트죠?"라고 물으며 커미션을 명확하게 정해야 한다. 이는 업계의 관행이기도 하다.

대개의 경우 자신이 거의 성사시킨 계약이나 다름없으므로 자기 몫의 커미션을 2 대 8, 또는 3 대 7 선에서 나누자는 대답이 나오기 십상이다. 그럴 때 나는 냉정하게 "No"라고 대답한다. 그리고 정확하게 50%씩 나눠야 한다고 못을 박는다. 이는 커미션에 욕심이 나서가 아니다. 그 후배가 뭔가 잘못 생각하고 있음을 일깨워 주기 위해서다.

먼저 A라는 에이전트가 대상자를 수차례 만나 상품을 설명하고 필요성을 느끼게 하느라 시간과 공을 들인 점은 인정한다. 그러나 계약이란 10%, 20%, 30%…… 그렇게 점진적으로 분위기를 만들어 간다고 해서 성사가 되는 것이 아니다. 계약이란 성사되느냐 성사되지 못하느냐 단 두 가지의 결과밖에 없다. 그러므로 어느 쪽이든 50%의 가능성밖에 없다고 보는 게 맞다.

우선 A는 상대를 만나 물밑 작업을 해 두었다는 생각 자체를 버려야 한다. 단 한 번의 만남으로도 계약을 끌어낸다면 성공한 것이듯, 그렇게 만나고도 계약을 성사시키지 못했다면 결국 실패한 것이다.

서로의 시간을 할애했으므로 고객과 에이전트는 동등한 조건에서 시작한다. 하지만 상품을 팔면 내가 이긴 것이 되므로 균형이 무너진다. 그러나 상품을 팔지 못하면? 상품을 팔지 못했다고 해서 고객이 이긴 것일까? 상품을 팔지 못한 나는 진 것이고?

천만의 말씀이다. 그땐 그냥 무승부일 뿐이다. 세일즈의 세계에서는 세일즈맨이 지는 법이 없다. 왜 그러냐고? 고객의 상황이나 에이전트의 상황이나 처음과 변동이 없기 때문이다. 고객은 여전히 보험을 들기 전이고, 에이전트인 나는 여전히 상품을 권하는 위치에 서 있는 것이다. 달리 말하면 고객은 자신의 것을 아직 뺏기지 않았고, 나는 아직 내 것이 아닌 것을 빼앗지 못했을 뿐이다. 그렇다면 세일즈맨은 처음부터 유리한 고지에서 게임을 주도하는 입장일 수밖에 없다는 논리가 가능하지 않은가?

다르게 설명해 보자. 에이전트는 칼을 잡고 휘두르는 사람이다. 하지만 고객은 방패만 들고 있다. 칼을 잡은 사람의 입장에서는 칼이 상대방의 방패를 뚫으면 이기는 것이다. 만약 뚫지 못해도 무승부에 그친다. 이와 반대로 방패를 든 사람의 입장에서는 칼을 막았다고 해서 이겼다고 말할 수는 없다. 그저 수비를 잘한 정도다. 하지만 칼을 막아내지 못하면 곧바로 패배하고 만다. 칼이 방패를 뚫었으므로 칼을 든 에이전트가 이긴 것이다. 그러나 멀리 내다보고 고객에게 돌아갈 선의의 보장을 생각하면 고객이 진 것도 아니다.

백 번 싸워 백 번 무승부는 있을지라도 단 1패도 없는 시스템, 그것이 세일즈다. 단 한 번의 공격만 성공하면 이기는 게임이 보험이다. 얼마나 유리한 게임인가? 패할 염려 없이 지속적으로 공격만 하면 되는 게임, 50 대 50의 팽팽한 긴장감을 무너뜨릴 1% 승률이 곧 100%의 승률이나 다름없는 게임, 49 대 51이 0 대 100으로 자동 전환되는 게임이 세일즈다. 그러므로 끊임없이 공략하라. 언젠가 고객의 방패가 칼을 막지 못하는 순간이 올 것이다. 두드려라, 그러면 열릴 것이다.

"돌아가실 경우를 대비한 준비는 해 놓으셨습니까?"

"암보험은 준비하셨습니까?"

"자녀분들 교육보험은요? 유학자금은 만들어 놓으셨는지요?"

“상해보험은요? 세상이 험하다 보니 밖에서 무슨 일이 일어날지 모르겠더군요.”

“댁의 자녀분들 혼인자금도 마련하셔야지요?”

“집을 늘리실 계획은 없으시고요?”

“노후자금은 어떤 식으로 준비해 놓으셨습니까? 국민연금만으로는 현재의 생활수준을 맞추기는 어려우실 텐데요?”

그렇게 빈틈이 생길 때까지 필요성을 환기시키고 설득하는 게 공격이다. 그러나 어떤 경우라도 무례한 공격은 금물이다. 정중하고 예의바른 검객의 자세가 필요하다. 공격이니 칼이니 하는 표현은 상담의 주도권을 가지라는 의미다.

한편으로 고객과 상담할 때는 고객의 입장을 51% 이해해야 한다는 점을 명심하라. 고객의 편에서 생각하고 고객의 이익을 고려해 상담을 진행해야 한다. 단, 이윤을 나눌 땐 49%로 만족하라. 나보다 고객이 더 많은 이윤을 누릴 수 있도록 배려하는 건 세일즈맨으로서의 도리다. 내 고객이 된 이후에는 1%라도 고객에게 도움이 되어야 한다. 이것은 아무리 강조해도 지나치지 않는 세일즈 조항이다.

거절을 거부하는 배짱을 길러라

자고로 고객은 의심이 많고 변덕이 심하다. 처음에는 '좋다' 라고 했어도 단순 변심이나 일정한 이유 때문에 나중에는 얼마든지 말을 바꿀 수 있다. 고객의 입장에서는 늘 망설이고 의혹을 가지게 된다. 믿을 만한 말인지, 정말 제시하는 대로 나 자신에게 유리할지 따져 보게 되는 것이다. 그것은 누구나 마찬가지다. 전날 마음에 꼭 들어 산 넥타이가 다음 날에는 영 촌스럽게 보인 적이 없는가? 큰맘 먹고 명품 브랜드 가방을 구입했는데 어쩐지 고급스럽지 않다고 느끼지는 않았는가? 두고두고 잘 쓸 것 같아 구입했는데 막상 사용해 보니 자리만 많이 차지하고 번거롭기 짝이 없는 가전제품을 볼 때마다 후회하는 일은 없는가?

나라도 고객의 입장이 되면 비슷한 질문을 던지거나 확인을 하려고 재차 묻게 된다. 쇼핑을 할 때, 자동차를 살 때, 값을 지불해야 하는 결정을 내릴 때 구매를 권하는 세일즈맨의 말을 전적으로 다 믿지 못하고 되묻곤 하는 것이다.

솔직히 말해 세일즈맨의 말을 무조건 다 믿는 사람이 사실 더 문제일 수도 있다. 그러므로 항상 고객은 언제 기분이 바뀔지 모르는 어린아이라고 생각하는 게 좋다. 방금 이렇게 말하고 돌아서서 저렇게 말하느냐고 정색하고 따져 봐야 소용없다. 그건 오히려 고객의 기분만 거스를 뿐이다.

고객이 거절할 때마다 핑계 없는 무덤이 없다는 말을 생각하라. 핑계는 핑계일 따름이다. 고객의 본심은 계약할 마음이 내키지 않는 것이다. 정말 계약하고 싶다면 이러니저러니 핑계를 대지 않는다. 하지만 그렇다고 해서 그 핑계들이 전부 거짓은 아니다.

고객의 핑계에는 대체로 몇 가지 패턴이 있다.

"남편이 반대해서요."

"아내가 자기 친구에게 보험을 들기로 벌써 약속했다는군요."

이는 말 그대로 남의 핑계를 대는 유형이다.

"난 건강에 자신 있어요. 암 같은 건 우리 집안 내력에 없거든요. 딱 3일만 앓다 죽지요, 뭐."

"종신보험 같은 건 어째 기분이 좋지 않더라고요. 꼭 죽으려고 날 받아 놓는 기분이라니까요."

이런 사람들은 생로병사의 질곡을 비껴갈 수 없음에도 그 사실을 애써 무시하는 유형이다. 이들은 자신의 의지대로 삶이 진행된다고 믿는다.

"갑자기 건물 주인이 임대 보증금을 올려달라고 하네요."

"바로 옆 건물에 같은 업종이 들어오면서 매출이 팍 줄었네요. 당분간 돌아가는 상황을 지켜봐야겠어요."

"지금 사정이 나빠졌어요. 여유가 생기면 그때 다시 생각해보지요."

"경기가 좋지 않네요. 목돈이 들어갈 곳도 있는데 보험은커녕 오히려 빚을 내야 할 판인걸요."

가장 많은 핑계가 이 유형에 속한다. 심지어는 계약 직전에 부도가 났다고 둘러대는 사람도 있다. 다음 달에 계약하자고 약속을 하고서도 차일피일 미루기도 한다. 1년, 2년, 때로는 3년 만에 계약서에 사인을 하는 경우도 생긴다.

돈을 쌓아 놓고 사는 사람은 없다. 아무리 재산이 많은 사람일지라도 부족함을 느낄 수 있는 게 주머니 사정이다. 대한민국 대기업 회장님께 여쭈어 봐라. 돈을 충분히 가지고 계신지를.

에이전트는 거절에 익숙해져야 한다. 한 번의 거절에 포기하고 두 번의 거절에 절망하는 것은 아무런 도움이 되지 않을 뿐더러 어리석은 짓이다. 거절을 거부하는 배짱이 필요하다. 일단 거절을 수용하고 다시 칼을 뽑으면 된다.

S시의 어느 고객과의 일화다. 충분히 상담하고 드디어 계약하기로 약속을 잡았는데, 약속 당일 고객을 만나러 갔더니 딴소리다. 그새 마음이 돌변해 자금 사정이 나쁘다고 둘러대는 것이다. 어쩌랴. 일단은 고객의 입장을 받아들여 다시 금액을 반으로 낮춰 잡은 후, 다음 주에 계약하자는 약속을 받았다. 그러나 정작 다음 주가 되니 또 핑계를 대는 게 아닌가. 그렇게 네댓 번 약속과 핑계가 오갔다. 나는 고객이 댄 핑계를 불신하는 태도를 보이거나 그 자리에서 반박하지 않았다. 핑계라고 느끼는 건 심증이지 물증이 아닌 것이다. 그 대신 나는 포기하지 않았다. 계약이란 사인을 할 때까지는 언제나 가능성에 불과하다. 가능성이 사라졌다는 건 패배가 아니라 무승부를 의미할 뿐이다.

3주쯤 지난 후 그 고객을 다시 방문했다. 그리고 그동안 거절의 이유로 댔던 사유들이 다 해결됐는지 하나하나 물었다.

"동생분 일은 잘 해결되셨습니까?"

"자제분의 부상은 좀 어떤가요? 아직도 병원 치료를 받고 있습니까? 그래도 그만하기 다행입니다."

"어머니는 쓰러지셨다더니 괜찮으신가요? 이래저래 상심이 크시겠네요."

실제로 그 고객에게 그런 일들이 일어났을 수도 있고 그저 핑계로 적당히 둘러댔을 수도 있다. 고객만이 진실을 안다. 그렇더라도 믿지 못하겠다는 말투나 분위기로 고객의 마음을 상하게 해서는 곤란하다. 고객도 자신의 말이 만약 거짓말이었다면 스스로 미안하게 여길 것이기 때문이다.

"마음에 와 닿지 않으면 계약하시지 않아도 좋습니다. 제가 처음부터 상담을 제대로 하지 못했다는 생각이 드는군요. 지금부터 차근차근 새로 설명드릴 테니 오늘은 그냥 듣기만 하시고 제가 간 다음에 잘 생각하셔서 꼭 필요하면 전화를 주십시오. 이제 불쑥 찾아오지 않겠습니다. 전화 주시면 그때 오겠습니다."

며칠 후 그 고객에게서 연락이 왔다. 계약을 하겠다는 전화였다.

고객의 마음을 사로잡지 않으면 상품을 판매할 수 없다. 소개를 받아 인정상, 혹은 바쁜 상태에서 계약을 하게 되었다면 나중에 다시 고객과 약속을 잡는다. 이는 천천히 식사라도 나누면서 이미 고객이 사인한 상품에 대해 한 번 더 자세히 설명하는 기회를 만들기 위해서다. 내 원칙은 고객이 진심으로 그 상품을 이해하고 원해야 한다는 것이다.

세일즈맨은 자신을 파는 사람이다. 곧 내 얼굴이 보증수표다. 확실하고 성실한 사람이라는 말을 아흔아홉 번 듣더라도 한 번의 부정적인 말로 신뢰가 무너질 수 있다.

보험 에이전트는 사기꾼이라는 말을 하는 사람들이 간혹 있다. 그들을 탓할 수는 없다. 그런 말을 듣지 않도록 삼가고 또 삼가는 수밖에 달리 방도가 없다. 나 한 사람의 평점이 보험업계 전체의 평점이 될 수 있음을 한시도 잊지 말아야 한다.

확률의 게임을 하라

광고의 중요성을 모르는 사람은 없다. 시청률이 높은 시간대나 인기 있는 프로그램에 광고가 몰리는 것도 바로 그런 이유 때문이다. 프로야구 경기를 중계할 때 카메라에 가장 자주 잡히는 펜스 쪽에 기업 광고판을 부착하는 것도 마찬가지 이유에서다.

알다시피 신문의 광고료를 결정하는 것은 판매 부수다. 판매 부수가 높을수록 더 많은 사람이 그 광고를 보게 된다. 많은 사람에게 많이 노출될수록 광고 효과가 커질 수밖에 없다. 그만큼 구매로 이어질 확률이 높아지는 것이다.

신문, 잡지, 방송, 전단지 등 오늘날은 어딜 가나 광고의 홍수다. 도시 곳곳에 광고판이 널려 있고 사거리나 건널목 등 운전자나 행인의 눈에 잘 띄는 빌딩에도 유동인구를 염두에 둔 옥외 광고판이 즐비하다. 그런 광고들은 불특정 다수를 겨냥한 광고들이다.

그러나 때로는 특정 소수를 타깃으로 삼아야 구매 확률을 높일 수 있는 상품이 있다. 가령 샤넬이나 구찌 같은 고가 브랜드는 서민들이 많이 사는 동네에서는 먹히지 않는다. 청담동이나 압구정동 쪽에 고급 부티크나 갤러리가 많은 것은 그곳 사람들이 지갑을 열 확률이 높기 때문이다. 수요가 발생할 가능성이 큰 곳을 집중적으로 공략하는 것은 마케팅의 기본이다.

'확률이 높은 쪽에 걸 것.'

이 단순한 게임의 법칙은 우리의 인생에도 적용된다.

한 해가 저물어 가는 12월의 어느 날, 이제 30대로 들어선 고등학교 동창생 100여 명이 송년회랍시고 한자리에 모였다. 모두가 반가운 얼굴들이다.

살얼음판 같은 경쟁 사회에 무난히 연착륙한 동기도 있고, 한 걸음 한 걸음 성실하게 경력을 쌓아 가는 동기도 있다. 아직 결혼하지 않은 동기도 있고, 놀랍게도 벌써 학부형이 된 동기도 있다. 그동안 서로 얼굴을 보고 살아 온 동기가 있는가 하면 이번 송년회 모임에 처음으로 얼굴을 들이민 동기도 있다.

건배와 덕담이 오가며 분위기가 무르익는다. 그때 누군가 말한다.

"야, 우리 자주 만나고 살자."

"좋지. 이대로 계속 얼굴 보고 살다가 나중에 환갑잔치도 합동으로 하자."

"아서라, 요즘 세상에 환갑이 웬 말이야? 팔순 잔치라면 또 모를까?"

누군가 "그래 맞다, 맞다"라고 외친다. 금세 파할 것 같지 않은 분위기 속에 흥건한 웃음과 질펀한 농담이 오고 간다. 도중에 몇몇은 슬쩍 자리를 뜨기도 한다. 당사자는 그럴 만한 사정이 있어서다. 하지만 남은 동창들이 보기에는 순전히 핑계일 뿐인 이탈이다.

자, 통계적으로 한번 짚어보자.

평균 수명을 90세로 잡았을 때 이들 중 몇 명이나 환갑 때까지 살아서 다시 모일 수 있을까? 확률적으로는 생존율 82%로, 100명 중 82명가량이 생존할 것이다. 문제는 그 생존자 82명이 처해 있는 상황이 제각각이라는 점이다. 자세히 살펴보자.

생존한 82명의 동창 중 절반인 41명은 다행히도 건강하게 생존할 확률 41%에 들어간다. 나머지 41명은 건강하지 않을 확률 41%에 들어가 암이나 당뇨, 고혈압, 기타 질병을 앓고 있거나 사고를 당해 장애가 생긴 케이스다. 그러나 나머지 18명은 죽을 확률 18%에 들어가 건강하지 못한 사람들이 앓고 있는 질병으로 사망했거나 사고사를 당했다.

하지만 좀 더 깊게 들어가면 건강하게 생존할 확률 41%에 들어가더라도 문제는 존재한다. 이들 가운데 몇 명 정도가 경제적으로도 윤택한 생활을 할 수 있을까? 아쉽게도 41명 중 36명은 육체적으로는 건강하되 경제적으로는 그다지 윤택하지 않은 상태다. 그렇다면 최종적으로는 단 5%, 겨우 5명의 동창만이 건강을 유지하는 동시에 경제적 여유도 누리는 확률에 속하는 것이다. 즉 100명 중 단 5%만이 60세까지는 보험이 필요없는 군에 속한다.

개인차가 있겠지만 보통의 경우 환갑에 이르기까지 인생의 과정은 비슷하게 흘러간다.

대부분의 사람들은 결혼하면서 본인이 주도하는 인생의 주인공이 된다. 독립적이고 본격적인 인생이 시작되는 것이다. 수입과 지출은 물론 인생의 전 과정에 포함되어 있는 보편적인 대소사 또한 자신의 힘으로 해결해야 한다.

일정한 시기가 되면 우선 가족 수가 늘어난다. 경제적으로 부유한 부모에게서 집을 물려받은 경우가 아니라면 내 집 장만에 허리띠를 졸라매야 한다. 자녀가 커 갈수록 교육비 부담이 느는 것도 감안해야 한다. 대한민국은 사교육 의존도가 상당히 높다. 오르는 물가, 동결된 임금에도 학원을 끊을 수 없는 것이 우리나라 교육의 현주소다.

사회적 지위나 나이에 맞게 집의 규모를 좀 늘리고 싶어도 여의치가 않다. 남들이 밖에서 들여다보는 것만큼 실속 있는 살림살이가 못된다. 보증 같은 걸 잘못 서서 집을 담보로 해결해야 하는 돌발사고가 생기지 않은 것만 해도 다행이다. 미리미리 노후연금도 들어 둬야겠고, 퇴직 전에 수익성 좋은 재테크도 해 둬야 안심이 될 것 같다.

주어진 삶의 과정이 대체로 이렇다면 그 과정에 맞춰 확률적으로 계획을 세울 수 있을 것이다.

예를 들어 현재 30세인 직장인이 있는데 300만 원 정도의 월급을 받는다고 하자. 안정된 미래를 위해 이 사람은 자금 계획을 어떻게 세워야 할까? 저금은 얼마나 할 수 있으며, 어떤 방법으로 하는 게 좋을까?

눈 딱 감고 100만 원을 미래에 투자할 수 있다고 가정한다면 위의 확률대로 대응하면 된다. 100만 원 중 18%는 본인이 사망했을 때 유족에게 미칠 수 있는 리스크를 생각하여, 각종 질병에 대비하는 것이 좋다. 41%는 건강하게 노후를 맞이하는 데 대비함과 동시에 질병 및 사고를 커버한다. 나머지 41%는 결혼, 출산 등 목돈이 들어갈 때를 대비한다. 즉, 저축 가능한 금액을 100만 원으로 잡았을 때 18만원은 화재보험이나 종신보험, 암보험 등에 배분한다. 나머지도 확률에 따라 41만 원은 노후연금에, 41만 원은 적금이나 펀드에 배분하여 목적자금을 준비하면 되는 것이다.

돈이 인생의 전부는 아니지만 돈이 없는 인생은 상상하기 어렵다. '지갑의 두께와 자유의 무게가 정비례한다' 라는 말은 금전만능의 세태를 꼬집는다기보다 돈의 필요성을 강조한 말일 것이다.

나이가 들수록 경제적 조건이 삶의 조건을 결정한다. 돈을 모으려면 돈을 모을 수밖에 없는 시스템 속에 자신을 가두어야 한다. 그리고 모은 돈도 확률적으로 분산해야 한다. 그래야 리스크를 최소화할 수 있다.

워렌 버핏은 2,000달러로 주식을 시작했는데, 50년 만에 60조로 재산이 불어났다. 하지만 1년에 2배 이상의 수익이 난 적은 없었다고 한다. 반면에 한 해도 마이너스 수익을 낸 해가 없었다고 한다. 그의 평균 주식 보유 기간은 8년이었다.

우리나라 사람들은 조급하다. 3년 만기 적금도 중간에 해약하기 일쑤다. 조기 해약하면 불리한 보험도 중도에 해약하는 고객이 적지 않다. 돈을 모을 수밖에 없는 시스템에서 이탈하는 것이다.

평균적으로 10명 중 9명은 확률에서 크게 벗어나지 않는 삶을 살아간다. 우리의 미래도 그 확률의 범위 내에서 계획을 세우고 대비책을 마련해야 하는 근거가 바로 거기에 있다.

확률 게임은 세일즈에도 적용된다. 확률 게임 속에 자신을 밀어 넣을 다각도의 방법을 구사하라.

하루에 3명을 만나는 에이전트가 하루에 1명을 만나는 에이전트보다 계약에 성공할 확률이 높다는 건 누가 들어도 당연한 이치다. 그런데 한 달 수입이 3,000만 원인 사람을 만날 확률이 한 달에 100만 원을 버는 사람을 만날 확률보다 높다고 한다면 믿어지겠는가? 그러나 실제로 세일즈를 하다 보면 그런 결과가 나온다.

내가 의사들을 집중적으로 만나는 것도 확률을 고려해서다. 그들은 수입이 상대적으로 많으므로 10만 원, 20만 원은 작은 금액이다. 월 100만 원을 버는 사람이 월 10만 원짜리 계약을 하는 것보다 월 1,000만 원을 버는 사람이 100만 원짜리 계약서에 사인하기가 조금 더 쉽다. 재미있는 현상은 고객의 수입이 많으면 많을수록 세일즈하기가 쉬울 뿐 아니라 훨씬 유리하다는 점이다.

이런 말은 사실 하기가 조심스럽다. 시작하기도 전에 맥이 풀리는 사람들이 있기 때문이다. 간혹 답답한 후배들은 아무리 확률의 법칙을 응용하라고 해도 쭈뼛거리기만 한다. 그런 후배들은 큰 시장으로 나아가기 어렵다. 사람은 그릇대로 움직인다. 확률 게임을 유리하게 진행하려면 자신의 그릇을 키워야 한다.

오기로 따낸 계약

한번은 내로라하는 모기업 회장님과 미팅을 하게 되었다. 다른 고객을 통해 소개 받은 자리였다. 연세도 지긋하신 데다 웬만큼 이름이 알려지신 분이라 여러모로 어렵고 조심스러운 면담이었다.

그런데 이건 도대체 무슨 경우인가? 이 회장님께서 당신 스케줄에 맞춰 약속을 잡아 놓고도 괜스레 보험에 대해 이러쿵저러쿵 트집을 잡는 걸로 아까운 시간을 다 보내는 것이었다.

보험은 정말 싫다느니, 순 사기라느니, 전에 어느 보험쟁이가 어쨌다느니…….

사람을, 그것도 보험 에이전트를 앞에 앉혀 놓고 하시는 말씀치고는 야박하기 그지없었다. 슬슬 속이 불편해지기 시작했다. '그까짓 계약이야 안 하면 그만이지, 그까짓 게 뭔데 이런 소릴 다 듣고 있어야 하나' 라는 생각에 화가 치밀었다. 그래서 발끈 되물었다.

"그럼 회장님, 회장님께서는 저도 사기꾼으로 보십니까?"

그러자 회장님이 버럭 호통을 치셨다.

"아니, 어디 젊은 놈이 돼먹지 못하게 말대꾸를 해? '어른이 하는 소리다' 하고 가만히 듣고 있다가 보험 하나 들어 주면 냉큼 계약하고 돌아가면 될 일이지."

그쯤에서 나도 완전히 기분이 상했다. 어떠한 경우에도 침착하게 이성적으로 대응해야 한다는 보험 정신은 그 순간만큼은 까맣게 지워져 버렸다. 그야말로 젊은 혈기에 꼭지가 확 돌아 버렸으니 아직 보험 에이전트로서 수양도 덜 되었거니와, 직업의식도 부족한 시점이지 않았나 싶다.

"회장님, 저 회장님과 계약 안 해도 됩니다. 그리고 저는 이미 회장님께 이겼습니다."

"그게 무슨 소리냐?"

나는 사뭇 흥분한 목소리로 내 보험 이론을 설파했다.

"회장님은 방패만 가지고 계시고 저는 칼만 가지고 있습니다. 제 칼이 회장님 방패에 부딪쳐 공격에 실패하더라도 저는 패한 게 아닙니다. 50 대 50, 무승부라고 할 수 있지요. 어차피 회장님은 방어하시는 입장이고, 저는 공격을 하지만 밑져야 본전이기 때문입니다. 하지만 이번 게임은 제가 이겼다고 할 수 있습니다. 회장님이 제게 지셨습니다."

"무승부라더니, 어째서?"

"회장님은 거물이시지만, 저는 조무래기입니다. 그러니 회장님 단가랑 제 단가는 다르지 않겠습니까?"

"단가라니, 그건 또 무슨 말인가?"

"회장님께서 만약 한 달에 3,000만 원을 버신다면 하루 몸값이 100만 원 꼴입니다. 하루 10시간 업무를 보신다고 가정하면 몸값이 시간당 10만 원인 분입니다. 저야 하루 10만 원으로 잡아도 시간당 겨우 만 원일 뿐입니다. 그러니 회장님은 시간당 단가가 제 열 배는 되는 것이죠. 어쨌거나 저는 만 원으로 10만 원을 먹은 셈입니다."

"계산상 틀린 소리는 아니군."

"거기에다 저는 회장님 만나서 계약은 못했어도 싸웠다고 소문을 낼 수도 있는 처집니다. 회장님은 저 같은 젊은 애송이 보험 에이전트랑 싸웠다고 어디 가서 소문이나 내실 수 있겠습니까?"

그러자 회장님이 박장대소했다. 이미 얼굴에선 노여움이 사라지고 없었다. 오히려 재미있다는 표정이었다.

"자네 말이 맞네. 내가 괜히 실없는 소리를 했구먼. 그래, 보험을 들지. 어떻게 하면 될까?"

"회장님은 연세가 많으셔서 계약이 어렵겠습니다."

나는 짐짓 무게를 잡았다.

"뭐라? 허어, 이 친구 보게. 그럼 어떻게 하지?"

"아드님 이름으로 드시면 됩니다."

"아주 웃기는 놈일세."

말씀은 그렇게 하시면서도 아주 유쾌하신 모양이었다. 그 자리에서 상무로 근무하는 아들을 불러 올렸다. 아들 이름으로 계약이 성사된 건 물론이다.

못 오를 나무가 어디 있는가? 남자가 세상에 태어나 때로는 겁이 없어야 한다는 걸 절감했다. 군대에 있을 때, 사회 초년병이었을 때, 그런 높은 자리에 있는 분을 만날 수 있으리라 생각이나 했겠는가?

이 일을 하면서 참 다양한 사람을 만날 수 있는 것도 소득이라면 소득이다. 고객 중에는 평범한 직장인도 많지만, 내 고객의 50% 이상은 병원 원장님들이다. 톱스타를 비롯한 연예인들도 만나고 운동선수들도 만난다. 정치인들 중에도 계약서에 사인하신 분들이 더러 있다.

나는 사람 만나는 것을 좋아한다. 사람 만나는 일은 낯선 여행지로 떠나는 것처럼 설레고 흥미진진한 일이다.

세일즈 맥시멈에 도달하라

행운의 여신이 내 편이 되어 주기를 기다려야 할까? 이전과 똑같은 시간과 노력만으로 더 나은 실적을 올릴 수 있기를 막연히 기대해야 할까?

내가 후배들에게 강조하고 싶은 말은 맥시멈을 경험하라는 것이다. 상담이든 계약이든 자신의 맥시멈을 끌어내야 한다. 그렇다고 일 년 내내 맥시멈 상태를 유지하라는 말은 아니다.

아무리 성능 좋은 자동차라도 처음부터 끝까지 최대 속도로 질주할 수는 없는 법이다. 서울에서 부산까지 450킬로미터 구간 내내 시속 200킬로미터로 주행하는 건 어리석은 짓이다. 가장 경제적인 속도인 시속 100킬로미터로 달리다가 꼭 속력을 높여야 할 시점에서 가속 페달을 밟아 주어야 한다.

마라톤 선수가 단거리 육상선수처럼 전속력으로 달리다가는 완주는 고사하고 십 리도 못 가 발병 나고 만다. 1992년 바르셀로나 올림픽 금메달리스트 황영조 선수가 37킬로미터 지점에서 선두로 치고 나와 막판 스퍼트를 낼 수 있었던 것도 자신의 페이스를 정확히 조절할 수 있었기에 가능했다.

세일즈도 마찬가지다. 세일즈맨은 자신의 최대치와 평균치를 제대로 가늠하고 있어야 한다. 폭주족처럼 무조건 가속 페달을 밟는 것은 무모한 행동이다. 그러나 가속 페달을 밟아야 할 시점에서도 평균 속도를 고집하거나 속도를 떨어뜨린다면 추돌당하고 말리라는 건 정해진 이치다.

그러므로 과부하가 걸리지 않고 효율적인 운행을 하려면, 속도의 완급을 조절할 줄 아는 능력을 길러야 한다. 자신의 적정 rpm이 어느 선인지 정확히 알고 있어야 하는 이유이기도 하다. 그래야 스퍼트를 내야 할 시점을 정확히 계산할 수 있다.

2004년에 나는 내 맥시멈을 경험했다. 가장 많이 상담했고, 가장 많은 계약을 성사시켰다. 정신적으로나 육체적으로 아슬아슬한 지점에 이르러서야 겨우 나를 정지시킬 수 있었다. 자발적인 정지였다기보다 위험 표시등을 발견하고 가까스로 브레이크 페달을 밟았다고 해야 옳을 것이다.

그것은 한편으로는 꼭 필요한 경험이었고, 다른 한편으로는 주의를 환기시키는 경험이기도 했다. 챔피언 시상식이 있기 전 2005년 1월, 어느 병원 원장님과 상담 중에 과로로 코피를 쏟으며 실신해 버렸으니 말이다.

정신을 차리고 보니 병원 침상이었고, 팔에는 링거 바늘이 꽂혀 있었다. 아무런 기억이 나지 않았다.

원장님의 설명인즉, 상담 중 점점 얼굴이 창백해지는가 싶더니 갑자기 푹 고꾸라지더라고 했다. 병원이었으니 망정이지, 길에서나 차 안에서 그런 불상사가 생겼더라면 어떻게 되었을지 아찔했다. 또 한 번 운이 좋았다.

물론 그 원장님이 계약서에 사인을 한 건 당연지사다. 계약하지 않거나 다음으로 미뤘다간 아무래도 좋지 않은 일이 생기지나 않을까 걱정스러우셨을지도 모를 일이다. 본의 아닌 협박(?)이 되고 만 듯해 송구스럽기도 했다.

이런저런 위기와 감동의 순간을 겪으면서 나는 세일즈가 천직이라는 사실을 깨달았다.

발로 뛰어라

세일즈맨에게 가장 중요한 건 부지런한 발이다. '두드리라, 열릴 것이다. 구하라, 얻을 것이다'라는 말은 정말 맞는 말이다. 가서 두드리고 외쳐야 한다. 아무리 훌륭한 아이디어가 있어도 실행에 옮기지 않으면 소용이 없다.

세일즈맨이 발로 뛰지 않으면 가망 고객을 만날 수 없고, 가망 고객을 만나지 못하면 계약을 성사시킬 수 없다. 돈만 벌려는 생각으로는 절대 성공할 수 없다. 이 분야뿐 아니라 어떤 분야도 마찬가지다. 발로 뛰다가 죽을 각오를 하고 부지런히 발품을 팔아야 한다.

지금 한창 주가를 날리고 있는 맨유의 박지성 선수의 경기를 생각해 보라. 세계적인 프로축구 리그에서 게다가 전통의 강팀 맨유에서 박지성선수가 주전으로 뛰고 있는 이유가 무엇이라고 생각하는가? 나는 바로 부지런한 발품이라고 생각한다. 호날두 같은 선수와 비교

해서 박지성은 슛의 성공률도 저조하고 강한 카리스마도 없다. 박지성 선수가 성공시킨 골을 잘 보면 자신이 드리볼해서 넣는 경우나 프리킥 같은 것보다는 리바운드볼을 받아서 넣는 경우가 많다. 부지런히 골문 앞을 뛰어다니다가 문전 혼전 중에 흘러나오는 공을 골로 연결시키는 경우가 더 많은 것이다. 또 워낙 부지런하게 움직이니까 상대로부터 파울을 많이 얻는다. 그것이 바로 맨유에서의 박지성의 성공 전략이다.

나는 한국의 보험에이전트들에게 박지성 선수를 닮으라고 주문하고 싶다. 부지런히 뛰다보면 반드시 실적이 있게 되는 것이다. 바보가 아닌 다음에야 무작정 뛰지는 않는다. 머리를 달고 뛰기 때문에 뛰다보면 생각을 하게 마련이다. 또 인간이기에 뛰는 것이 힘드니까, 효과적으로 뛰려면 여러 가지 아이디어를 생각하게 마련이다. 그렇게 되면 즉, 부지런한 발과 생각하는 머리가 합쳐지면 곧 실적으로 연결되는 것이다.

앉아서 생각만으로 되는 것은 절대로 없다. 현장에서 죽는다는 각오로 열심히 뛰지 않으면 돌아오는 것은 공허한 메아리뿐이다. 나이 40이 다되도록 뛰고 또 뛰는 마라토너 이봉주 선수를 생각하고 영국의 그라운드를 부지런히 누비는 박지성 선수를 생각하면서 뛰고 또 뛰자. 부지런한 발품은 그대에게 실적으로 보답한다.

PART7 행복 세일즈

나를 소중히 생각하는
행복한 세일즈맨이 되어라

세일즈맨은 스트레스를 많이 받는다. 실적과 무관할 수 없어서이기도 하지만 사람을 만나는 일이다 보니 자연히 상대방의 영향을 많이 받기 때문이다. 세상에 내 마음 같은 사람은 없다. 따지고 보면 나 역시도 불완전한 존재다. 기분에 따라 종횡무진 널을 뛰듯 한다.

스트레스를 받으면 기분이 저하되고, 기분이 저하되면 체력이 떨어진다. 체력 관리는 세일즈맨의 기본이다. 나는 몸을 사리지 않는다는 말을 경계한다. 세일즈는 몸을 움직여 하는 일이지, 몸을 바쳐 하는 일이 아니다. 보험 세일즈는 순교가 아니라 상생의 직업으로 평화로운 공존의 개념이 적용되는 분야다. 물론 세일즈의 세계가 전쟁터와도 같다는 말에는 공감한다. 그만큼 치열한 현장이자 현실이다. 하지만 전쟁터와 같다고 해서 전쟁터의 병사처럼 살면 안 된다는 게 나의 철학이다.

세일즈맨은 최상의 컨디션으로 무장해야 한다. 육체적으로 자신을 혹사시키는 것은 실적에 도움이 되지 않는다. 나는 최상의 컨디션을 유지하기 위해 항상 노력한다. 정기적으로 경락 마사지를 받는 것도 그런 노력의 일환이다. 근육이 편안하면 표정도 순해진다. 사람을 대하는 데도 여유가 생긴다. 그리고 그런 여유는 얼굴에 바로 나타난다.

근육이 수축과 이완을 반복하듯이, 삶의 맹렬한 속도를 늦추어야 할 때도 있다. 외모와 내면을 향상시키는 틈틈이 가끔은 자신에게 휴식이라는 상을 내려야 하는 것이다. 때로는 휴식을 통해 에너지를 재충전하고 자신의 삶을 돌아볼 기회를 만들어야 한다.

나는 휴식을 취할 때면 내 능력의 한도 내에서 돈을 아끼지 않는다. 나 혼자만이 아니라 가능하면 가족과 함께 휴식을 누린다. 고객과의 식탁만 화려해서는 곤란하다. 그건 앞에서 말한 내 두 번째 고객인 가족과 세 번째 고객인 나 자신을 소홀히 대하는 것이 된다.

내 삶의 목표는 돈이 아니라 행복이다. 행복 중에서도 첫째는 내 가족의 행복을 포함한 나의 행복이다. 둘째는 생로병사라는 인간사를 다루는 보험 에이전트로서 우리 이웃과 사회의 행복이다.

생각해 보라. 어떻게 내가 행복하지 않은데 내 가족이 행복할 수 있단 말인가. 내 가족이 행복하지 않은데 어떻게 나 혼자 행복을 느낄 수 있단 말인가. 가족을 위해 나를 희생한다는 말은 정당하지 않다. 가족이 나를 위해 희생되어서도 안 된다.

누구나 알고는 있으면서도 실천이 쉽지 않은 말이 있다.

'내가 나를 사랑하지 않으면 다른 사람도 나를 사랑하지 않는다.'

그것은 연애의 법칙이기도 하고, 행복의 법칙이기도 하고, 궁극적으로는 인생의 법칙이기도 하다. 그러므로 자신을 가꾸는 데 투자하기를 머뭇거리지 마라. 자신이 행복해지는 데 투자를 아끼지 않는 것은 나와 내 가족이 행복해지는 길이다.

단골 포장마차 주인아저씨의 부정(父情)

보험 세일즈를 시작한 지 얼마 되지 않았을 때의 일이다. 그즈음 나는 홍대 근처에서 자취하고 있었다. 온종일 발품을 팔며 돌아다닌 뒤 자취방으로 향할 때쯤이면 20킬로그램의 군장을 맨 채 20킬로미터 행군을 마친 군인처럼 몸이 천근만근이었다. 게다가 대부분 늦은 시간이라 허기가 졌다.

남자 혼자 사는 자취방에 들어가 봐야 변변한 먹을거리가 있을 리 만무했다. 구두를 벗는 순간 드러눕고 싶은 마음만 간절한 마당에 새로 뭔가 먹을거리를 만든다는 건 엄두도 못 낼 강도 높은 노동이었다. 그렇다고 혼자 쭈뼛쭈뼛 음식점에 들르기도 뭣했다. 그래서 자취방으로 가는 길목에 있는 포장마차에 들러 간단히 요기를 하고 가는 게 버릇이 되었다.

자주 들르다 보니 어느새 단골 대접을 받게 된 점포도 생겨났다. 떡볶이나 어묵 따위를 파는 흔하디흔한 포장마차도 그 가운데 하나였다.

하루는 안면이 쌓인 터라 제법 반가운 얼굴로 맞아 주던 주인아저씨가 불쑥 물었다

"젊은 양반이 뭘 하길래 항상 이 시간에 다녀요?"

일정한 시각에 들러 떡볶이나 어묵 등으로 요기 겸 군것질을 하는 젊은 사람의 직업이 궁금했던 모양이었다.

"아, 네, 저는 보험회사에 다닙니다. 퇴근하는 길이고요."

그렇게 해서 그날은 세상 사는 이야기로 시작해 보험 세일즈의 어려움에 이르기까지 이런저런 이야기를 한참이나 주고받게 되었다.

"잘 먹었습니다."

음식 값을 계산하고 돌아서려는데 주인아저씨가 무슨 말인가를 꺼낼 듯 망설이더니 조심스럽게 묻는 것이었다.

"저기, 나 같은 사람도 보험 들 수 있나요?"

'나 같은 사람' 이라는 말이 가슴속의 줄 하나를 건드린 것 같았다.

"그럼요, 누구나 들 수 있고말고요."

"이런 일을 하는데……."

여전히 자신 없는 말투였다.

"무슨 말씀이세요? 열심히 일하시는 사장님이신데요?"

나는 도로 의자에 앉았다. 그렇게 해서 생각지도 않았던 심야 상담이 자연스럽게 진행되었다. 실적을 위해서가 아니라 진심으로 그분에게 도움이 되고 싶은 마음이 절실했다. 수입이 얼마나 되는지, 현재 재정 상태가 어떤지 한참 이야기를 나누다 보니 아이를 데리고 장사를 나서는 속사정도 듣게 되었다.

그분은 45세였는데 딸아이를 데리고 장사를 다녔다. 부인은 당뇨병과 합병증으로 병석에 누워 지내는 처지였다. 애를 돌볼 상황도 안 되고 아이가 아빠를 돕기도 해서 데리고 다닌다는 것이었다.

어느 날 아저씨의 딸인 것 같은 7살 정도 되어 보이는 소녀를 보고 "따님인가 보군요"라고 물었더니 아저씨는 아주 사랑스러운 눈빛으로 아이를 내려다보며 "딸이 아니라 희망이에요. 내 희망"이라고 대답했다. 그 후로 몇 차례 더 아이와 마주쳤다. 인사도 착실하게 하는 아이였다.

아이는 아버지를 곧잘 거들었다. 자리를 비울 수 없는 아버지를 대신해 근처 상가에서 물을 받아 오기도 했다. 작은 체구로 플라스틱 물통 가득 물을 들고 나르기는 어려우니까 나름대로 꾀를 냈는지 물을 조금 채워 여러 차례 왕복했다. 아빠를 돕는 일이 즐거운지 언제 봐도 밝고 착한 모습이었다.

"내 딸을 위해 뭔가를 해 두고 싶은데……."

그날 그분은 딸을 위해 보험을 계약했다. 계약서에 사인하는 아저씨의 눈에 눈물이 글썽거렸다. 내 마음도 물기로 출렁거렸다. 큰 계약을 했을 때보다 더 가슴 뿌듯한 감동이 밀려왔다.

내가 만난 사람들 중에는 그런 분처럼 보험 문턱이 높다고 생각해 미래에 대한 계획을 세우지 못하고 있는 사람이 의외로 많았다. 미래의 보장이 절실히 필요하지만 하루하루 끼니 걱정이 먼저인 사람들, 소년 소녀 가장들도 그럴 터였다.

수입이 불안정하고 살림이 어려운 사람일수록 사실은 보험 보장이 더 필요한 법이다. 그러나 그들에게 보험 계약이란 하늘의 별만큼이나 먼 등불, 가장 필요한 사람들에게는 닿을 수 없는 등불이다.

하늘이 내린 천직

보험 세일즈는 인간의 생로병사와 밀접한 연관이 있다. 인생의 어두운 면과 밝은 면을 동시에 보게 되는 직업인 것이다.

나는 이 일을 오래도록 하고 싶다. 2대, 3대에 걸쳐 보험 명문가로 남고 싶은 꿈 때문이기도 하지만, 한편으로는 인간적인 기업가가 되고 싶은 까닭이기도 하다.

지금 나는 상위권 실적을 올리고 있다. 그러나 그것이 순전히 내 노력만으로 이루어진 것이 아니란 걸 잘 안다.

나는 때로 세일즈에 종사하게 된 것을 하늘의 뜻으로 여기기도 한다. 내 도움이 필요한 사람들을 만날 때마다, 그리고 실제로 내가 조그만 도움이라도 줄 수 있을 때마다 다행스러운 마음이다. 때로는 내 수입의 일부를 떼어 아주 작은 도움을 전해 주기도 하는데, 그럴 때면 마음이 정말 가볍고 기쁘다. 하지만 그보다 더욱 기쁠 때는 이 일을 하면서 알게 된 고객분들과 뜻이 맞을 때다. 남의 돈이라도 좋은 일에 보태거나 투자하도록 설득할 수 있다면 내 돈이나 마찬가지가 아닐까?

나는 돈은 불편하지 않을 정도로만 있으면 된다고 생각한다. 불편의 정도가 사람마다 다르겠지만, 끝없이 재물을 쌓는 데 내 일생을 낭비하고 싶지 않다.

안타까운 것은 가난한 사람들일수록 더 많이 질병에 노출되어 있다는 점이다. 빈곤의 악순환이라고 할까. 가난 구제는 나라님도 못한다는 말이 있듯이, 내 얄팍한 도움으로 그들을 절대적인 빈곤에서 헤어나게 할 수는 없다. 그런 그들이 예기치 못한 질병이나 난관에 봉착했을 때 최소한의 보장이 될 수 있도록 보장성 보험을 들어주는 것이 내가 할 수 있는 수준이다.

어쩌다 인연을 맺게 된 소년 소녀 가장들이 있는데, 그 아이들 이름으로 건강보험을 한 구좌씩 들었다. 밥 한 끼 제공하는 것보다 매달 보험을 들어 놓으면 혹시 그 아이들에게 무슨 일이 닥쳤을 때 필요한 도움이 되지 않을까 해서 시작한 일이다.

지금은 내가 대납해 주는 형식이지만 나중에 직장에 들어가 돈을 벌게 되면 직접 내라고 말한다. 그때 가면 계약자의 이름을 바꿔 줄 생각이다.

　어려운 환경에 있는 아이들에게 보험을 대신 들어 주는 형식의 기부를 할 수 있다는 설명을 듣고 그런 취지에 동참해 주시는 분들도 있다. 그런 분들 중에는 자신의 상황이 나빠져 본인의 계약은 중지시키더라도 대납하고 있는 아이들의 보험은 끊지 않기도 한다. 그런 분을 볼 때면 말할 수 없는 고마움과 존경심을 가지게 된다. 돈보다도 마음이 먼저인 걸 알기 때문이다.

행복하게 일하고 고객과 놀아라

'워커홀릭'. 즉, 일중독자는 오로지 일을 통해서만 자신이 살아 있음을 느낀다. 가족도 자신도 일 다음이다. 그런 사람은 정상을 향해 가파른 길을 오르느라 길가에 어떤 나무가 있는지 무슨 꽃이 피었는지를 전혀 살펴보지 않는다.

산 정상을 정복하는 것만이 목표인 등반가는 자연과 더불어 사는 법을 모르는 등반광일 뿐이다. 감히 말하건대 그는 독재자나 다름없다. 그리고 독재자는 행복하지 않다. 행복하지 않은 인생은 실패한 인생이다.

일중독자는 일을 하지 않으면 안절부절못한다. 일손을 놓으면 불안감이 엄습한다. 그에게 휴식은 '이러다 쓸모없는 인간으로 전락하지나 않을까’ 라는 강박에 사로잡히는 계기를 만들어줄 뿐이다.

이따금 나는 나 자신을 돌아본다.

‘나는 일중독자인가? 아니면 일을 즐기는 사람인가? 일할 때 나는 행복한가? 일하고 있지 않을 때면 불안한가?’

단순히 실적에만 매달리면 일하는 기계가 되고 만다. 실적을 제조하는 기계라니, 얼마나 매력 없는 인간인가. 나는 내 일을 사랑한다. 일을 할 때 나는 행복하다. 일이 없어 쉬는 것이 아니라면 일하지 않을 때는 일하지 않고 쉴 수 있어 행복하다.

그러나 일과 휴식을 명확하게 나눌 수 없을 때가 있다. 휴식이 필요하지만 일해야 할 때도 있는 법이다. 때로는 멍하니 휴식을 취하기엔 어쩐지 시간이 아깝게 느껴질 때도 있다. 그럴 때 나는 일과 휴식을 동시에 하기도 한다. 바로 놀더라도 고객과 함께 노는 것이다. 골프를 함께하든 식사를 하든 가벼운 술자리를 만들든 그때그때 상황에 맞게 하면 된다. 시간 절약과 고객 관리가 동시에 되니 그야말로 일석이조다.

누구라도 처음부터 마음을 털어 놓기는 어렵다. 고객과 에이전트 사이라면 더더욱 그렇다. 그러나 딱딱한 업무 분위기를 벗어나 편안하게 대화를 나누다 보면 어느새 상대방에게 무장 해제가 된다. 그리고 그렇게 시간이 흐르다 보면 재무 설계 등에서 고객의 인생에 깊이 개입해 있는 자신을 발견할 수 있을 것이다. 때로는 이런 만남이 고객 소개로 이어지는 경우도 있다. 그러니 놀더라도 고객과 노는 방법을 터득하라. 두 마리 토끼, 운이 좋으면 세 마리 토끼도 잡을 수 있다.

나눔이 있는 삶

사회복지사를 통해 어느 집을 방문하게 되었다. 부모가 없는 결손 가정으로, 큰아이가 중학교 3학년, 그 밑으로 여동생이 둘, 남동생이 하나 있었다. 할머니는 허리가 편찮으셔서 아이들이 집안 살림을 꾸려 나가고 있었다.

동사무소에서 한 달에 40여만 원의 생활 보조금이 나왔는데, 그 돈이 거의 유일한 수입이다시피 했다. 아무리 줄여 살아도 다섯 식구가 생활해 나가기에는 턱없이 부족한 액수였다.

내가 도울 수 있는 일이 무엇일까 궁리하다가 유치원비와 우유 값을 지원하기로 했다. 그리고 가끔씩 얼굴이라도 들여다보려고 시간을 냈다. 어느 날 막내아이와 그동안 지낸 이야기를 하던 중이었다.

“가장 하고 싶은 게 뭐니?”

“말해도 돼요?”

“그럼. 뭐가 제일 하고 싶은지 말해 봐. 아저씨가 들어줄게.”

아이가 다 기어들어가는 목소리로 말했다. 그러나 눈빛은 기대로 반짝이고 있었다.

“이마트요.”

“이마트? 이마트에 가서 사고 싶은 거라도 있니?”

“그게 아니고요…….”

“그럼?”

“물건 사서 담는 바퀴 달린 바구니요. 그게 타고 싶어서요.”

아마 부모들과 함께 쇼핑을 나온 또래 아이들이 카트를 끌고 다니는 걸 본 모양이었다. 고작 그런 것이 부러웠다니, 코끝이 시큰했다.

아이를 내 차에 태우고 근처의 이마트 매장에 갔다. 아이는 제 힘에 부치는 카트를 끌기도 하고 그 안에 올라타 보기도 했다. 소박한 소원 하나를 풀어 마냥 즐거운 눈치였다.

“뭘 사고 싶어?”

“라면이요.”

“밥 안 먹고 라면 많이 먹으면 안 좋은데? 하루에 한 개 이상 안 먹겠다고 약속할 수 있지?”

“약속할게요.”

카트에 라면을 몇 상자 실었다. 아이는 카트를 밀면서 신이 났다.

그로부터 두어 주쯤 지나서였다. 그 집을 방문해서 보니까 한쪽 구석에 쌓아 놓은 라면 봉지마다 일일이 숫자가 적혀 있었다. 막내를 잡고 물었다.

"여기다 웬 숫자를 적어 놨어?"

"하루에 하나씩만 먹겠다고 약속해서요."

묵직한 것으로 뒤통수를 한 대 맞은 기분이었다. 그러니까 그 숫자는 하루에 딱 한 개씩 먹는 데 착오가 없도록 순서대로 적어 놓은 번호였던 것이다.

아이에게 너무 미안했다. 내 딴엔 아이들을 위한답시고 던진 말이었는데, 그리고 정작 그 말을 던진 나는 까마득히 잊고 있었는데……. 겨우 라면 몇 상자로 아이들을 압박했구나 싶어 마음이 아팠다.

그 다음번엔 다른 아이들 중 한 명에게 물었다. 아마 그 아이의 생일이었던 걸로 기억한다.

"넌 어딜 가고 싶니?"

"아웃백……이요."

"그래, 아저씨랑 가자."

그러나 아이는 고개를 숙인 채 잠시 말이 없었다.

"왜? 금세 마음이 변했어?"

아이가 고개를 저었다. 머뭇거리는 기색이었다.

"다른 할 말이 있는 거니?"

"말해도 돼요?"

"아저씨가 물었으니까 대답해야지."

"저어, 친구도 같이 가면 안 돼요? 2명인데……."

"왜? 친구들에게 자랑하고 싶어?"

"그게 아니라…… 그 친구들 생일에 초대받아 아웃백에 갔었어요. 나도 친구들에게 대접하고 싶어서요."

"친구들 불러와. 같이 가자."

나는 그날 세상에서 가장 행복한 아이의 미소를 보았다.

나눔 릴레이

　소년 소녀 가장들 못지않게 도움이 절실한 저소득층 노인들도 많다. 생활 보호 대상자들이나 차상위계층의 노인들 중에는 백내장으로 시력을 거의 잃거나 앞을 못 보는 어른들이 적지 않다. 대물림하는 가난인지라 자식들의 삶도 혹독하다. 저마다 제 가정, 제 자식 건사하느라 팽이처럼 핑핑 돌아가리라는 건 말 안 해도 짐작이 간다. 차마 내 눈 뜨자고 손 벌릴 엄두를 내지 못하는 것이다.

　심청이처럼 못 되는 자식들 마음도 무겁기는 매한가지다. 그런 사정을 듣고 보게 될 때마다 내 마음도 심란하다. 모르느니만 못한 게 되어 버리는 탓이다.

　백내장은 의료보험이 적용되는 항목이기에 본인 부담금은 38만 원 정도다. 돈이 있는 사람들에게는 하루 저녁 술값도 안 되는 액수다. 그러나 다른 세상의 어떤 이들에게는 만져 보기 어려운 거금이다. 그 돈을 마련할 수 없어 앞이 보이지 않은 채 그냥저냥 살아갈 수밖에 없다.

내 고객 중의 한 분인 안과 원장님과 그 일을 의논하다가 의기투합해 일요일에 다섯 건씩 수술을 해 주기로 했다. 보험 처리가 되니까 병원의 수익은 기본적으로 보장이 된다. 수술비 38만 원 중 절반은 내가 내기로 하고, 나머지는 원장님이 받은 셈 치기로 했다.

안과 질환뿐 아니라 치아가 부실한 노인도 많다. 거의 대부분의 어르신들이 음식물을 씹는 데 어려움을 느끼면서도 달리 방법이 없기 때문에 참으신다. 사실 치과 진료는 웬만한 서민들도 치료비 부담을 많이 느끼는 듯하다. 이가 부실하면 일단 소화에 문제가 생긴다. 영양 상태도 고르지 않아 여러 가지 추가 질병이 생기는 상황으로 발전하기도 한다. 나이 드신 분들의 가장 큰 즐거움은 텔레비전 시청과 음식을 나눠 먹으며 나누는 정담일 것이다. 그런데 그런 기초적인 즐거움도 못 누리는 분이 많다는 건 이 사회의 어두운 단면이 아닐 수 없다.

나중에 정말 여력이 된다면 저소득층에게 꼭 필요한 서비스를 제공하는 병원을 세우고 싶다. 보험 에이전트로 세상 이곳저곳을 많이 기웃거리면서 갖게 된 꿈이다. 언젠가는 꼭 이루어지리라 믿는다.

보험 세일즈를 하면서 소외 계층과 상대적으로 여유가 있는 계층을 연결해 주고 싶다는 생각을 품게 되었으나 현실적으로는 쉽지 않다. 저마다 사정이 있기도 하고, 사회적 책임감 지수도 다르다. 또 각자의 방식대로 기부나 후원을 실천하는 분들도 적지 않다.

그런데 일반 서민들일수록, 빤한 급여로 살아가는 샐러리맨일수록 소외 계층을 살피는 후원에 더 적극적이라는 사실을 아는가?

누구나 정당한 부를 누릴 권리가 있다. 부유한 자의 소비가 경제에 연동적으로 작용하는 긍정적인 측면도 있다. 그러나 당당하게 내 권리를 누리더라도 소외 계층에게 따뜻한 시선을 주는 일도 잊지 말았으면 하는 바람이다.

차제에 내가 제안하고 싶은 기부 방식 중 하나는 보험을 통한 기부다. 소년 소녀 가장이나 열악한 환경의 굴레에서 벗어나지 못하는 저소득층이 정말 필요할 때 필요한 보장을 받을 수 있도록 그들 대신 보험을 들어주는 것이다. 액수는 상관없다. 내겐 얼마 되지 않는 돈이더라도 누군가에게는 큰 도움이 될 수 있다.

좋은 일은 중독성이 강하다. 나누는 기쁨이 받는 기쁨보다 더 크다는 걸 알게 되기 때문이다.

행복한 세일즈맨이 되어라

경기도 일산에 (주)안토니라는 구두 제조 회사가 있다. 이 회사의 대표 이사는 김원길이라는 분인데 18세 때 시골에서 무작정 상경하여 영등포에 있는 구두방에 찾아들어갔다. 먹이고 재워주기만 하면 좋다는 조건으로 제화공 일을 시작했다. 워낙 열심히 일하다보니 기술도 늘고 주인의 신임도 두터웠다. 1981년에는 잘 알려진 브랜드 회사에 취직하고, 기능경기대회에 나가서 동상을 받기도 했다. 90년대 초에 드디어 독립, 구두 회사를 차렸지만, 부도 위기를 맞기도 했다. 그때 죽으려는 생각도 해보았지만, 한 친구가 이렇게 말했다고 한다. "네가 죽어서 해결될 일이라면 죽어라. 하지만 남은 사람은 네 일까지 해결해야 한다." 그 말을 듣고 다시 죽을 각오로 열심히 일했다. 다행히 회사가 제 궤도에 올라 최근에는 연 100억 정도의 매출을 올리는 중견기업으로 성장했다.

김원길 사장은 얼마 전부터 1등 기업이 되겠다는 생각을 버리고 대신 행복한 회사를 만들자고 결심했다. 금연하는 사원들에겐 장려금 100만 원을 지급했다. 돈이 없어 공부 못하는 학생들에게 장학금을 주고 가난한 노인들에게는 음식을 나눈다. 그리고 1억원이나 하는 고급 외제차를 마련했다. 자신이 아니라 종업원들이 탈 수 있도록 하기 위해서다. 그 회사 사원들은 누구나 필요하면 그 차를 탈 수 있다고 한다. 총각 사원이 데이트를 한다면 사용 1순위 자격이 주어진다. 그러니 종업원들이 더 열심히 일해 매출도 늘었다고 한다.

그렇다. 우리가 열심히 일하는 것의 궁극적인 목표는 돈을 버는 것이 아니라 행복하기 위해서다. 행복하다고 생각하면, 아니 행복하면 일도 즐겁고 실적도 더 올라간다. 조그만 나눔도 실천할 수가 있다.

사람들이 모여 사는 곳이 사회다. 내가 열심히 일해 우리 사회를 위해 무엇인가 좋은 일을 할 수 있다면 그것이 바로 행복이다. 보험 에이전트는 많은 사람을 만난다. 때문에 우리 사회의 구석구석에 무엇이 모자라고 넘쳐나는지를 잘 안다. 넘쳐나는 것을 모자라는 곳에 조금만 나누어 준다면 모두 행복해 질 수 있다. 그렇게 하면 스스로도 더 행복해진다.

이런 직업에 종사하니 얼마나 행복한가!

언제 어디서나 언제까지라도 행복한 세일즈맨이 되자!

원래 전술이란 전쟁에서 부대나 개인을 가장 효율적인 방법으로
배치 · 기동 · 운영하는 방법과 기술을 뜻한다. 전투에서 승리하기 위해서는
각 개인 병사가 총이나 수류탄 같은 개인 장비 사용법을 충분히 숙지하여야 하며
또한 개인 장비도 잘 갖추어야 한다. 전투 중 총알이 떨어지면
전투를 치를 수 없는 것처럼 보험 에이전트도 고객을 상대할 때 필요한
여러 기술을 갖추지 못하면 소기의 성과를 기대할 수 없다.
제2부 '김용일의 세일즈 전술' 에서는 현장에서 보험 에이전트 혹은
세일즈맨에게 필요한 여러 지침들(고객을 상대하는 요령과
임기응변의 기술)을 다루고 있다.

| 2부 |

김용일의 세일즈 전술
: 각개 격파와 임기응변

초심을 잃지 마라

처음으로 돌아가라(Back to the basic)!

세일즈를 잘하려면 초심을 잃지 말아야 한다. 그러나 매일 초심으로 돌아간다는 건 늘 그 자리라는 말이기도 하다. 늘 그 자리에 머무는 것은 작심삼일을 의미한다.

초심만큼 중요한 건 지구력이다. 항상 초심과 지구력이 균형을 잘 유지해야 하는데, 그러려면 도덕성이 전제된 성실성이 바탕에 깔려 있어야 한다. 다시 말해 세일즈를 잘하려면 '초심과 지구력의 균형을 잘 유지하고 성실하면서 양심적이어야 한다' 라는 말이다.

아무리 뛰어난 능력이라도 '초심과 지구력과 양심을 갖춘 성실성'을 이기지는 못한다. 아니, '초심과 지구력과 양심을 갖춘 성실성' 이 능력이다.

"왜 저와 계약하셨습니까? 다른 에이전트도 있고, 다른 회사도 있는데요?"

고객을 만나 그렇게 물어보면 대답은 의외로 비슷하다. 성실해 보였기 때문이라는 것이다. 이 대단한 회장님들이, 혹은 병원 원장님들이 나의 상담 실력과 프레젠테이션 능력을 인정했다고 믿었던 건 망상이었다. 부끄럽게도 성실성 없이는 어떤 능력도 상대방을 움직이지 못한다는 걸 잊은 것이다.

연세가 지긋하신 분들은 세상을 살아온 연륜만큼 사람 보는 눈이 정확하고 빠르다. 그분들은 내가 부진한 실적으로 힘들어 할 때면 내 상황을 먼저 읽으신다. 그러고는 임원을 소개해 주거나 지인을 연결해 주는 식으로 지원 사격을 해 주신다. 실제로 그분들의 도움으로 새로운 계약을 성사시킨 적도 제법 많다.

요즘 들어 기업인이든 병원 원장님이든 소규모 점포 사장님이든 한목소리로 경기침체를 우려한다. 세일즈 현장에서 맞닥뜨리는 실물 경제도 예전 같지 않다.

불황이라고 해서 주춤거릴 수는 없다. 자유시장경제 체제에서는 불황일수록 세일즈의 비중이 커진다. 오늘도 나뿐 아니라 많은 동료 에이전트들을 비롯한 세일즈맨들이 현장에서 뛰고 있다.

부지런함과 일에 대한 열정, 추진력에서 어떤 나라 국민들에게 뒤지지 않는 세일즈맨들이 존재하는 한 나는 대한민국의 저력을 믿는다.

철저한 사업가 마인드로 무장하라

　보험 세일즈가 좋은 건 고정 자본이 들어가지 않는다는 점이다. 양복과 가방, 사인펜이면 창업 준비 끝이다. 나머지는 소속된 회사가 제공한다. 실적이 좋으면 교통비도 지급한다. 기본급 300만 원이면 좋은 직장이다. 실적에 따라 연봉 5억 원도 가능하다. 나는 내 직장이 하늘 아래 존재하는 직장 중 최고라고 생각한다. 그러나 엄격히 말해 보험 에이전트는 단순한 직장인이 아니다. 직장인이되 동시에 직장인이 아니다. 왜 그런가?

　에이전트는 1인 기업이다. 그러므로 철저한 사업가 마인드로 무장해야 한다. 보험 상품이든 자동차든 정수기든 세일즈는 다 비슷하다. 취급하는 상품이 다를 뿐이다.

알다시피 나는 메트라이프생명 소속이다. 그러나 메트라이프에 종속된 관계는 아니다. 메트라이프는 내게 영업을 의뢰한 회사로서 다만 내게 상품을 납품했다고 보면 된다. 나는 메트라이프가 내게 납품한 상품을 다시 고객에게 납품한다. 나와 메트라이프와 고객은 서로가 서로에게 독립적인 존재다.

내가 몸담고 있는 회사와의 관계에서 나는 '을'이 아니다. 내가 '갑'이다. 1인 기업인으로 고객 관리를 잘하면 회사가 '갑'인 내게 잘 보여야 하는 것이다. 나는 회사를 위해서가 아니라 고객을 위해 피드백을 할 따름이다.

한결같은 마음으로 포기하지 마라

두 장수가 전쟁터에 나가기 전 자신의 무기를 점검하고 있다. A는 칼끝을 예리하게 갈고, B는 칼날을 두들겨 크게 만드는 데 온 정성을 쏟는다.

A의 칼은 예리해 한 명의 적을 깊이 찔러 목숨을 끊어 놓을 수도 있으리라. 그러나 한꺼번에 많은 적을 감당하기는 어렵다. B의 칼은 넓고 크다. 한번 휘두르면 많은 적을 공포로 몰아넣을 수 있다. 공격의 반경이 넓기 때문이다. 한마디로 B의 칼에는 베어 죽는 게 아니라 맞아 죽는다.

두 장수의 칼 중 어느 것이 전쟁터에서 더 많은 적을 베어 넘길까?

세일즈맨에게는 넓고 큰 칼이 유용하다. 자신의 행동반경 안에 많은 고객을 확보하고 있어야 하기 때문이다. 세일즈맨은 기존 고객에게도, 새로운 고객에게도 두루두루 성심껏 자신을 알려야 한다.

세일즈맨은 또한 소나무처럼 한결같아야 한다. 지조 높은 선비보다 더 한결같은 존재여야 한다. 한결같다는 것은 처음부터 끝까지 변함이 없음을 말한다. 외부 고객에게도, 내부 고객에게도, 그리고 나 자신에게도 한결같은 마음가짐으로 대할 수 있을 때 세일즈의 최고 경지에 도달할 수 있다. 그래야 모두가 나를 기억하고, 나를 돌아본다. 필요할 때 나를 찾는다.

하루는 계약하기로 한 고객이 갑자기 약속을 취소했다. 자신의 사촌동생이 다른 보험사에 입사한 마당인지라 모른 척 다른 사람에게 보험을 들 수 없게 되었다는 것이다. 역지사지할 일이다. 고객의 입장에서는 충분히 그럴 수 있으리라 이해했다.

그런데 1년쯤 지나 그 고객에게서 연락이 왔다. 사촌동생이 다니던 보험사를 그만두었다면서 보험을 내 쪽으로 이전하고 싶다는 것이다. 이번에는 내 쪽에서 만류했다. 내게는 이윤이 생기겠지만 타사에도 그 고객에게도 손해가 가는 일이어서 도덕적으로 마음에 걸렸기 때문이다.

그로부터 3, 4년이 지난 후 그 고객은 결국 나와 연금보험을 계약했다. 이는 계약이 되든 안 되든 한결같은 마음으로 만남을 유지해온 결과라고 생각한다. 계약사주가 따로 있다는 업계의 우스개가 실감나는 사례다.

위의 예처럼 몇 년이 되도록 계약을 하지 못한 고객이 있더라도 나는 고객을 한결같이 대하려고 노력한다. 필요할 것 같은 정보와 책자도 챙겨 보내고, 전화로 안부를 묻고 가끔 식사도 같이 한다. 부담을 주기 위해서가 아니다. 살다 보면 언젠가는 필요성을 느낄 때가 오리라는 걸 알기 때문이다.

내가 주전자를 파는 사람이라고 가정해 보자. 고객에게 주전자를 권했는데 처음에는 말없이 고개를 저었다. 하지만 그것으로 끝이 아니다. 지금 당장 필요 없는 물건이라고 해서 앞으로도 영원히 필요하지 않으리란 법은 없다. 또 지금 당장 사용할 주전자가 있다고 해서 그 주전자를 영원히 사용할 수 있으리란 보장은 없다.

주전자가 망가져 새로 구입할 수도 있고, 싫증이 나 교체할 마음이 생길 수도 있고, 여벌로 하나 더 마련하고 싶어 할 수도 있다. 마침 그 주전자를 다른 이에게 선물하고 싶어질 수도 있다.

그러므로 포기하지 말고 끝까지 최선을 다해야 한다. 관심을 보이지 않거나 응하지 않는 고객은 아직 마지막 한 방울의 물이 덜 채워진 양동이와 같다고 보면 된다. 물이 끓지 않는 건, 아직 비등점에 이를 만한 온도가 되지 않았기 때문이다.

단기간의 승부에 연연해하지 말고 장기적인 안목을 길러라.

접근 방식을 다각화하라

에이전트는 고객의 재정 상태 및 재무 구조상의 허점을 이해하고 있어야 한다. 그래야 고객의 허점을 보완해 줄 수 있다.

여기 총 500억 원 규모의 자산가가 있다. 상권이 잘 형성된 지역에 시가 200억 원에 달하는 빌딩을 소유하고 있고, 현금 자산만도 약 300억 원에 이른다.

그 자산가에게 사망 시 유족들에게 보장이 돌아갈 종신보험을 권유하면 아마도 십중팔구 그 자산가는 어이없어서 웃을 것이다. 그가 사회단체에 자산을 몽땅 기부할 생각이 아닌 이상, 어차피 많은 재산을 물려주고 갈 텐데 거기에 또 얼마를 더 얹어 주지 못해 성가신 보험에 또 드느냐고 반문할 것이다.

과연 그럴까? 그 자산가에게 종신보험은 절대로 필요 없을까?

아니다. 그 자산가에게는 종신보험이 꼭 필요하다. 500억 원 규모의 자산가인 건 틀림없지만 그가 죽고 나면 그 자산은 대폭 줄어든다. 유족이 상속을 받으려면 엄청난 상속세를 물어야 하기 때문이다.

상속세는 10~50%의 누진세율이 적용되므로 이 경우 세금으로 약 40%를 물게 되어 있다. 그렇다면 200억짜리 건물 하나가 통째로 국가에 귀속된다는 계산이 나온다. 부유층이나 사회적 강자에게 요구되는 노블레스 오블리제(noblesse oblige) 개념, 즉 부의 사회적 환원이라는 측면에서 고비율의 상속세는 정당하다. 그러나 사람의 심리가 어디 그런가? 돈이 많든 적든 세금은 초대하고 싶지 않은 손님이다. 불청객이 반가울 리 없다. 특히 써 보지도 못한 채 뭉텅 잘라져 나가는 목돈이 더 아깝게 느껴질 수 있을 것이다.

그럴 때 에이전트는 두 가지 방법을 제시할 수 있다.

첫째, 다 쓰고 가는 방법이다. 어차피 세금으로 그 많은 돈이 나갈 바에야 사회의 한쪽 그늘에서 소외당하는 불우한 이웃들에게 혜택이 돌아갈 수 있도록 좋은 일에나 쓰고 가라. 그러면 당신의 아름다운 이름이 남을 것이다.

둘째, 유산에서 뚝 떼어질 상속세분 200억 원을 미리 마련하는 방법이다. 납세의 의무를 충실히 이행하되, 추정세금 200억 원을 대신 납부해 주는 시스템을 활용하면 된다.

그러면 고객은 솔깃해서 묻는다.

“무슨 말입니까? 세상에 그런 게 어디 있어요?”

이제 해당 상품을 설명할 차례다. 바로 총 납입금 50억 원~100억 원을 10년에 걸쳐 나눠 내면 200억 원의 세금이 해결되는 종신보험 상품이다.

생수 한 병을 팔더라도 어떤 물인가를 설명하는 게 중요하다. 무슨 성분을 함유하고 있고, 어떤 효능이 있으며, 함유량은 얼마인지 과학적으로 설명해야 고객이 신뢰할 수 있다. 거기에 특별함, 안전성, 고급스러움 등 가치를 부여하는 것이 좋다. 그저 ‘깨끗해요’ 라고 강조하는 것만으로는 부족하다. ‘청정수역의 해양 심층수’ 라든가 ‘지하 200미터에서 뽑아 올린 암반수’ 라는 식으로 차별화 전략을 세워 다가가야 고객의 마음을 사로잡을 수 있는 것이다. 이는 ‘지하 200미터에서 끌어올린 암반수’ 라는 광고 카피로 소비자의 음주 욕구를 부추겼던 H 맥주의 광고 전략에서도 알 수 있다.

또 제품을 어떤 용기에 담느냐에 따라서도 호응도가 달라진다. 생수 시장에 뒤늦게 합류한 어느 후발업체는 세련된 용기 디자인으로 젊은 층의 매출을 끌어 올릴 수 있었다고 한다. 문제는 접근 방식이다. 구태의연한 방식이 아니라 새로운 개념을 불어넣어 주어야 고객이 움직인다.

세일즈를 하는 사람은 상품을 있는 그대로 팔려고 한다. 하지만 이는 옳지 않다. 컨셉트를 팔아야 한다. 상품 세일즈가 아니라 컨셉트를 세일즈하라.

종신보험이니 연금보험이니 보험회사마다 이름만 조금씩 다를 뿐 내용은 크게 차이가 없다. 비슷비슷한 상품을 매번 비슷한 방식으로 접근하면 고객은 신물이 나게 마련이다. 신선함으로 승부를 걸고 고객의 직업이나 취향과 보험 상품을 연결시켜라.

아군을 많이 만들어라

혼자 뛰어 다닌다고 해서 영업을 자기 혼자 하는 일이라고 생각하지 마라. 세일즈는 타인의 도움이 절대적이다. 손오공이 제 머리카락을 뽑아 분신을 만들 듯 복제인간을 만들어라. 가족, 친구, 선후배 등이 모두 나의 동료가 될 수 있다. 지원부대를 만들어 적극 활용하는 자세가 필요하다.

내 아내는 보험광이다. 동료 의식이 강하다고 할 수 있다. 내 영향을 받긴 했지만 아내의 보험 예찬은 나름대로 일리가 있다. 아내는 보험의 강제성을 활용한다. 해약하면 손해를 본다는 걸 알기 때문에 여간한 일이 아니고서는 해약을 꺼린다. 따라서 지출을 더 줄이거나 다른 방도를 강구한다. 정 급할 때 해약의 1순위는 단기성 저축예금이다. 결과적으로 저축할 수밖에 없는 시스템 속에 자신을 집어넣은 것이다.

월 100만 원을 저축할 가능성이 있는 사람의 예를 들겠다. 이 사람은 3분의 1은 적금, 3분의 1은 펀드, 나머지 3분의 1은 저축성 보험을 들었다. 1년 뒤 수익성 순위는 적금, 펀드(정상적 행보일 경우), 저축성 보험일 것이다. 기한 내 해약 시에는 손해를 볼 게 자명하다. 만약 꼭 해약해야 된다면 적금, 펀드, 저축성 보험 순으로 해야 한다. 시간이 흐를수록 어렵게 모은 돈이라는 인식 때문에 함부로 해약하기 어려울 것이다. 이 사례 역시 시스템 속에 자신을 가둔 케이스다.

대기업 인재 채용에 변화의 바람이 불고 있다. 이전에는 유학을 다녀왔거나 MBA 출신을 우대했지만 경영진이 그런 인재는 독자적으로 움직이려는 경향이 있음을 포착했다. 장기적으로는 회사 발전에 저해요소가 될 수 있다는 우려 속에서 조심스럽게 채용에 대한 관념이 바뀌고 있는 것이다.

최근에는 사원을 채용할 때 인성 프로그램을 활용해 유학 경력이나 어학 능력보다 협동심이나 사회성, 도덕성을 우선적으로 고려한다. 이는 외국어 실력이 업무 능력과 비례하지 않는다는 사실이 경험적으로 드러난 결과라고 할 수 있다. 조직생활에 적응하기 어려운 독선적인 인재는 조직의 아군이 아니라 적이나 다름없다.

외국에 유학을 갔다 왔다고 해서 또 조기 유학을 가서 외국어를 모국어처럼 구사한다고 해서 반드시 더 나은 능력을 가진다고는 생각하지 않는다. 나는 내 아이들이 한국인으로 살기 바란다. 외국 유학은 신중히 생각해 볼 사안이다. 단기간의 어학연수라면 모를까 조기 유학은 조심스럽게 접근해야 할 문제다.

사실 강남식 교육 열풍은 폐해가 심각하다. 한국에서 적응하기 어려운 인재를 양산하는 데 목을 매고 있는 것 같다. 영어 능력보다 한국인으로서의 의식과 궁지가 먼저라는 내 생각을 시대착오적이라고 한다면 할 말은 없다.

말이 나온 김에 좀 더 내 생각을 밝히면, 일상적인 회화는 그저 말에 불과하다는 것이다. 언어는 단순한 의사 전달만이 목적이 아니다. 자신의 철학을 상대방에게 이해시키면서 그 사람을 설득할 수 있는 정도가 되어야 올바른 언어 구사력을 갖췄다고 할 수 있지 않을까?

또 하나 내가 염려하는 점은 문화적 충돌이다. 글로벌 시대라고는 하지만 한국에서는 여전히 한국적 사고방식이 통용된다. 만약 세일즈 분야에 투신해 성공을 거두길 원한다면 한국적 사고방식을 존중하는 사람이어야 한다고 말해 주고 싶다. 자동차나 정수기 같은 하드웨어를 취급하는 세일즈라면 다를지도 모르겠다. 하지만 보험은 형태가 없는 상품이다. 보험에서 재구매로 이어가려면 인간사의 이면을 고려해야 한다. 인간의 희로애락과 인간의 욕망과 공포 같은 심리적 측면을 제대로 이해해야 우수한 보험 컨설턴트가 되는 것이다.

고객을 미안하게 만들어라

멀쩡히 길을 걷다가 쇼윈도 앞에 내다 놓은 화분에 걸려 앞으로 고꾸라졌다면? 아픈 건 뒷전이고 우선은 창피해서 얼른 몸을 일으킬 것이다. 아무렇지도 않은 척 무릎을 툭툭 털고 있을 때 마침 가게 주인이 안에서 황급히 뛰쳐나온다. 문제는 여기서부터다.

"어머, 어떡해. 흙이 다 쏟아졌잖아? 이거 개업 선물로 들어온 귀한 난인데⋯⋯. 잘 좀 보고 다니지 그래요?"

이쯤 되면 창피한 것도 없다. '아' 다르고 '어' 다른데, 기어이 악소리 나게 하는 얄미운 주인과 설왕설래하는 수밖에 없다. 그리하여 유쾌하지 않은 입씨름은 "노상 적치물은 엄연히 도로법 위반이라는 걸 아느냐, 모르느냐?"로까지 비약될지 모른다.

하지만 정반대로 주인이 다음과 같이 나온다면?

"어디 다치신 곳은 없어요? 화분을 안쪽으로 들여놨어야 하는데, 정말 죄송합니다. 바쁘시지 않으면 들어오셔서 차라도 한 잔 하고 가세요."

주인이 이렇게 나오면 속으로 울컥 화가 치밀다가도 마음이 약해진다. 무릎이 욱신욱신 쑤셔도 해맑은 얼굴로 손사래를 치면서 괜찮다고, 별 거 아니라고 할 수밖에 없을 것이다. 주인이 한사코 의자를 권한 뒤 일회용 종이컵에 커피믹스라도 휘저어 내오면 이쪽이 도리어 송구스러워지기에 이른다. 어쩌면 두 눈 멀쩡히 뜨고 고꾸라진 것이 미안해 가게 안에 진열된 상품을 사게 될지도 모른다.

말이란 그런 것이다. 말 한마디로 천 냥 빚을 갚을 수도 있지만 대낮에 칼부림을 일으킬 수도 있다.

세일즈를 하다 보면 별별 경우를 다 당한다. 온갖 험한 말쯤은 각오해야 하며 투명인간 취급을 당하기도 한다. 본의 아니게 상대방을 성가시게 한 대가치고는 심하다 싶은 봉변을 당할 때도 있다. 예를 들어 개가 으르렁거리도록 내버려 두거나 소금을 뿌리고 욕설에 가까운 호통을 치기도 한다. 하지만 내공이 있는 세일즈맨은 흔들리지 않는다. 마음속으로는 흔들리더라도 내색하지 않는다. 고객이 무시하더라도 감정적으로 대응하지 마라. 무관심하게 눈길조차 주지 않더라도 불쾌한 표정을 지으면 안 된다.

약속을 하고 방문했는데 하필 고객에게 사정이 생겨 면담이 지체

되거나 혹은 연기되는 것은 흔한 일이다. 그런 일이 있더라도 좋은 얼굴로 이해하고 과거에 자신에게도 피치 못할 사정이 생겨 약속을 어길 때가 있었음을 상기하라. '헛걸음하지 않도록 사전에 연락해 주었으면 좋았을 걸' 하는 생각은 버려라. 상대방이 그럴 경황이 없었을 수도 있고, 섬세하지 못한 성격 탓일 수도 있다.

고객의 조건 변화를 부드럽고 겸손하게 받아 주어라. 그런 일이 여러 차례 반복되면 아무리 제멋대로고 무딘 고객일지라도 미안해하게 마련이다. 사정을 이해해 주고 인내심과 성의를 가지고 꾸준히 대면할수록 내 쪽이 유리해져 언젠간 계약이 이루어지게 되어 있다.

왜 그럴까? 바로 상대방에게 미안한 마음이 들면 뭔가 보상해 주고 싶은 것이 보통 사람들의 심리기 때문이다.

어느 발라드 가수가 인터뷰에서 한 말이다.

"세상에는 우리가 생각하는 만큼 나쁜 사람도 좋은 사람도 없는 것 같다. 대신 나와 맞는 사람과 맞지 않는 사람이 있을 뿐이다."

세상에 웃는 얼굴에 대고 침 뱉는 사람은 없다. 만약에 그런 사람이 있다면 진짜로 나와 맞지 않는 사람이다. 그런 사람은 상대하지 말아야 한다.

혼자 밥 먹지 마라

　세일즈는 출퇴근 시간이 엄격하게 지켜지는 일이 아니다. 멀리 지방에 있는 고객을 만나러 새벽에 집을 나서기도 하고 자정을 넘겨 귀가하기도 한다. 다른 직장인에 비해 밖에서 지내는 시간이 길다 보니 적어도 하루에 두 끼 이상을 외식으로 해결하게 된다. 기왕 하는 식사, 혼자 허기나 때우는 식으로 해결하지 마라. 금쪽 같은 시간이 줄줄 새는 소리가 들리지 않는가? 식사 시간을 유용하게 활용하는 방법은 고객과 미팅 약속을 잡는 것이다.

　고객의 일터는 생존의 현장이다. 성격이 느긋한 사람도 자신의 일터에서는 손익을 더 따지게 되고 격식에 얽매이게 된다. 재무 상담이나 보험 상품과 관련된 상담을 허심탄회하게 꺼내기 조심스러울 수도 있다.

일터가 아닌 곳으로 자리를 옮겨 부드러운 분위기에서 상담하는 걸 선호하는 고객은 의외로 많다. 경우에 따라서는 가볍게 반주를 곁들이는 센스를 발휘하라. 정갈하고 맛깔스런 음식, 향 그윽한 와인 한 잔을 앞에 놓고 편안하게 나누는 대화는 긴장을 완화하는 데 도움을 준다. 나로서는 식사를 하면서 영업할 수 있고 고객과의 유대도 쌓을 수 있다. 단, 식대는 본인이 내는 것을 철칙으로 삼아라. 대접을 받고 불쾌해 할 고객은 세상천지에 없다.

부자들이 있는 곳으로 움직여라

유태인들의 교훈에 '부자가 되려면 부자의 줄에 서라' 는 말이 있다. 돈을 벌려면 돈이 있는 곳으로 가야 한다. 돈이 있는 곳이라면 단연코 은행이겠지만 그렇다고 은행을 털 수는 없다. 그래서 나는 주로 병원을 방문한다.

의사들은 경제적으로 여유가 있다. 그리고 미래에 대한 안정적인 투자나 대책을 세우는 데 관심이 많다. 세일즈 타깃으로 삼기 좋은 또 다른 조건은 그분들이 늘 그 자리를 지키고 있다는 점이다.

기업의 회장님이나 사장님, 부동산 재벌들도 돈이 많기로는 둘째 가라면 서러울 사람들이다. 그러나 그분들은 접촉하기가 쉽지 않다. 한자리에 가만히 앉아 있지도 않거니와, 요행히 자리에 앉아 있더라도 뚫어야 할 수비수가 쫙 깔렸다. 믿을 만한 지인의 보증이나 소개 없이는 만나 주지도 않는다.

요구르트를 들고 빌딩을 타는 덴 한계가 있다. 고만고만한 소매상점을 훑는 것도 여간 지치는 일이 아니다. 똑같이 열 번을 방문해 10만 원짜리 계약을 하는 것과 100만 원짜리 계약을 하는 건 차이가 있다. 물론 작은 계약도 소중하다. 그러나 보험을 들 여유가 별로 없는 사람들에게 상품에 대해 설명하는 건 그만큼 힘이 든다(사실 이 이야기를 하는 것은 상당히 조심스럽다. 시간과 노력 대비 실적이라는 효율성을 강조한 말이니 달리 오해하시지 않기 바란다).

블루오션을 개척하라

경제가 불황일수록 경제 전문가들이 많아진다. 저마다 전문가인 양 한마디씩 보태는 것이다. 냉정하게 말해 대부분의 전망은 중구난방에 가깝다. 지나치게 좁게 들여다보거나 지나치게 짧게 내다본다.

보험 세일즈는 금융 관련 일이기에 경기의 흐름을 읽고 있어야 한다. 온갖 설과 예측이 난무하는 중에 올바른 정보 해독력을 갖추기란 물론 쉬운 일은 아니다. 그러나 세일즈맨은 경기의 최전방에 배치된 척후병이며, 주력 부대다. 따라서 적의 동태를 살피는 척후병처럼 경제의 앞날을 내다보는 눈이 필요하다. 워낙 변수가 많은 새로운 자유 경제 체제에서 향후 10년은 무리겠지만 적어도 5년의 윤곽은 그릴 수 있어야 한다. 전체적인 시장을 다 전망하기 어렵다면 최소한 자신이 몸담고 있는 분야라도 전망할 수 있어야 한다. 보험 에이전트라면 5년 후 대한민국 보험 시장이 어떻게 변할 것인지 정도는 예측하고 있어야 살아남을 수 있다.

통계청 발표에 의하면 2008년 7월 현재 우리나라 65세 이상 노인 인구가 501만 명을 돌파했다고 한다. 노인 인구가 전체 인구에서 차지하는 비율은 10.3%로 2004년 400만 명을 넘어선 지 불과 4년 만에 100만 명이 늘었다.

이대로 가면 2018년에는 노인 인구가 14%가 되어 고령화 사회로 진입할 것이며, 2026년에는 20%로 초고령화 사회로 진입할 것이다. 이는 세계 최고령 국가인 일본보다 더 빠른 속도다.

위의 통계가 아니더라도 1,000만 노인 인구 시대는 금방 다가온다. 한편에서는 이미 실버산업이라는 새로운 소비 시장이 자리를 잡아가고 있다. 노인 인구가 미래의 소비 주체로 떠오른 것이다. 앞으로 연금 시장의 수요가 폭발적으로 늘어날 것이라는 전망은 어쩌면 당연한 답처럼 보인다. 따라서 노후연금과 관련된 상품들도 보다 다양해질 것이다. 당신이 보험 에이전트라면 '노후 대책을 어떻게 세울 것인가?' 라는 고객의 질문에 대답할 수 있는 자료와 정보를 제시할 수 있어야 한다.

현재로선 노후연금 시장이 블루오션인 것만은 틀림없다. 그러나 영원한 블루오션은 없다. 어획량이 늘면 언젠가는 자원이 고갈되는 법이다. 따라서 또 다른 블루오션을 개척해야 한다. 우리가 연구할 것은 그 블루오션에 띄울 컨셉트를 창출하는 것이다. 늘 앞날을 주시하고 연구하는 에이전트야말로 블루오션의 강자다.

전화 통화를 생활화하라

위에서도 말했듯이 나는 하루에 1명에게는 꼭 편지나 엽서를 쓰며, 기본적으로 하루에 3명의 고객과 만난다. 그리고 하루에 약 10통 정도 고객에게 전화를 걸어 안부를 묻거나, 계약과 관련된 내용을 주고받는다. 예를 들어 종로 방향으로 고객 미팅 나갈 일이 생기면 그날은 전화 통화도 주로 그 지역 고객들과 하는 식이다.

그 지역에서 약 3시간 정도 머물 예정이라면 우선 그날 꼭 만나기로 한 주 고객, 즉 목적 고객 1명과 미팅한다. 그러고도 시간이 남을 경우에 대비해 추가로 예비 고객 1명을 염두에 두고 있다가 잠시라도 얼굴을 비춘다. 사실 시간상 다른 고객을 더 만나기는 어렵다. 그런 경우엔 그 지역에 분포해 있는 다른 고객들에게 최소한 전화라도 걸어 "근처에 왔다가 뵙지도 못하고 그냥 갑니다"라든가 "그냥 가기 서운해 목소리라도 듣고 가려고 전화 드렸습니다"라고 하면서 안부를 묻는다.

사람의 심리는 묘하다. 가까운 지역에서 전화를 걸 때와 먼 곳에서 전화를 걸 때의 느낌이 다르다. 전화상이라는 조건은 똑같은데도 왠지 친밀감이 생기는 것이다.

자필로 직접 편지를 써라

편지도 좋고 엽서도 좋으니 고객에게 편지를 써라. 기왕이면 인쇄가 아닌 자필이 효과적이다.

요즈음 우편함에 쌓이는 우편물은 판촉물이 대부분이다. 그 우편물들 사이에서 누군가가 내게 보낸 편지나 엽서를 발견한다면, 그것도 정이 듬뿍 담긴 편지나 엽서라면 나부터라도 정말 반가울 것이다.

내가 외국으로 출장 갈 때면 꼭 넉넉히 구입하는 것이 바로 고객에게 보낼 기념엽서다. 현지에서 보내기는 어렵지만 대신 한국에 돌아오면 그 엽서에 몇 자라도 적어 고객에게 보낸다. 나는 1주일에 대여섯 통의 자필 편지를 쓴다. 처음에는 도대체 무슨 말을 써야 할지 막막하기만 해서 짤막한 엽서를 쓸 때도 몇 번이나 찢고 새로 쓰곤 했다. 하지만 이제는 진심을 담아 편지 쓰는 일에 익숙해졌다.

보험 계약자들은 '7080' 세대가 주류를 이룬다. 현실에 뿌리를 내
리느라 숨 가쁘게 달려왔지만 낭만에 대한 추억이 있는 세대다. 그러
므로 디지털보다는 아날로그가 먹힌다. 기계로 찍어 낸 제품보다 손
으로 만든 제품에 더 애착이 가는 건 나도 마찬가지다. 백화점에 가
서 산 질 좋은 목도리보다 아내나 애인이 직접 떠 준 목도리에 더 감
동하는 건 당연하다.

시스템에 너무 의지하지 마라. 긴 편지가 무리라면 짧게 써도 좋
다. 엽서를 활용하는 것도 훌륭한 방법이다. 관건은 길이가 아니라
정성이다.

내 생각에 우리나라 사람은 얼굴 보고 이야기하는 걸 가장 친근하
게 여긴다. 그 다음은 육성을 주고받는 전화 통화와 편지 순이다. 특
히 자필로 쓴 편지는 전화로 대화를 주고받는 것보다 더 효과적일 때
가 있다. 진정성이 느껴지기 때문이다. 편지나 엽서 쓰기가 부담스럽
다면 이메일과 문자 메시지를 활용하는 것도 좋은 방법이다. 지루한
보고서처럼 문자를 나열하는 것보다 이모티콘 등을 이용해 고객의
흐뭇한 미소를 유도하라. 단, 요즘의 세일즈맨은 지나치게 시스템에
의존한다는 단점이 있다. 이메일이나 휴대전화 문자 메시지는 보조
적인 수단으로 생각해야지 이에 너무 의존한다면 게을러질 뿐 아니
라 인간미를 상실한다.

어차피 1명의 에이전트가 1,000명 이상의 고객을 관리한다는 건

무리다. 어느 영역이든 1,000명 이상의 고객을 유지한다는 건 불가능
에 가깝다. 1,000명 이내에서 관계가 형성되게 되어 있다. 가장 적당
한 선은 200~300명이라고 생각한다. 딱 그 정도가 관계가 이루어지
면서도 진중하게 인간미를 유지할 수 있는 고객의 범위다. 그러기에
더더욱 디지털은 보조 수단으로 그쳐야 한다. 주된 건 아날로그적인
접근이다.

나만의 공간을 확보하라

집도 좋고 자동차도 좋다. 나만의 공간을 확보하라. 일단 공간을 확보했다면 사무 공간화시켜야 한다. 그 공간이 집이라면 당연히 가족의 양해를 구하거나 동의를 얻어야 한다. 가족의 지지와 지원이 무엇보다 중요하다. 그리고 가능하면 가족이 잠든 시간을 활용하는 것이 좋다. 이는 가족을 방해하지 않기 위해서기도 하지만 내가 그들로부터 방해받지 않기 위해서기도 하다.

집이 넓어 내 공간을 확보할 수 있으면 가장 좋다. 서재가 있는 사람은 확실히 능률적으로 일할 수 있다. 공간을 확보하면 우선은 주말 자투리 시간을 활용해 밀린 업무를 처리한다. 특별한 가족 스케줄이 없으면 토요일 저녁이나 일요일 이른 시간이 좋다. 서재가 있으면 좋지만, 없더라도 반드시 자신만의 공간을 만들어야 한다. 모두 잠든 사이에 식탁에서 따끈한 커피 한 잔을 마시며 편지를 적어 보라.

일요일 낮 시간은 보통 가족과 함께 보내는데, 두 아들과 뒹굴거나 장을 보러 가기도 한다. 늘 집에서 두 사내아이 뒤치다꺼리로 분주한 아내를 위해 때로는 외식하러 나가기도 한다. 일요일 저녁에는 다음 한 주를 위해 일찍 잠자리에 든다. 잠자리에 들기 전 1시간 정도 일주일 동안의 계획을 세우는 것도 중요하다. 예습 효과라고 할까, 미리 계획을 세워 놓으면 효율적으로 대처할 수 있다.

자동차를 사무공간으로 활용하는 방법도 좋다. 영업하는 사람이라면 차로 이동하는 시간이 많게 마련이다. 나는 자동차를 내 이동 사무실이라 여긴다. 사무실이니만큼 계약과 관련한 여벌의 서류들을 비치해 두고 그때그때 필요할 때마다 요긴하게 활용한다. 서류에는 고객 명단, 전화번호, 메일 주소, 보험 상품 종류, 계약금과 월 납입금 등등이 기재되어 있다.

기존 계약 고객에 대한 정보와 새로운 계약을 위한 모든 정보를 준비해두고 필요할 때마다 바로바로 찾아 대응할 수 있어야 프로 정신이 있는 전문가다.

"외부에 나와 있습니다. 이따 사무실에 들어가 확인해 보고 연락드리겠습니다."

그런 말은 핑계에 불과하다. 고객이 이해해 주더라도 업무의 탄력성이 떨어지는 건 감수해야 한다. '언제나 깨어 있어라' 고 성경에도 나와 있지 않은가.

프로 정신으로 무장한 보험 에이전트는 언제 어떤 상황에서도 상담이 가능하도록 만반의 준비를 갖춘 사람이다.

무리한 계획은 잡지 마라

시간에 끌려 다니지 말고 시간을 끌고 가라. 시간에 끌려 다니면 결국에는 신의를 잃는다. 시간에 쫓겨 번번이 약속을 어기게 되기 때문이다. 나는 '차가 막혔느니, 앞사람과의 미팅이 늦게 끝났느니' 라는 식의 변명을 싫어한다.

약속을 하면 선약한 사람에게 양해를 구해서라도 제시간에 와야 한다. 그래야 적어도 뒷사람에게까지 영향을 주지 않는다. 약속이 한 번 밀리면 계속 밀리게 된다. 뒷사람 모두에게 신뢰를 잃느니 차라리 한 사람을 포기하는 게 낫다. 게다가 미안한 상태에서 진행되는 상담은 불리할 수밖에 없기에 차라리 앞서 약속한 고객에게 양해를 구하고 나머지 약속에 충실한 게 낫다. 그 다음 약속이라도 정상적으로 진행하는 게 중요하다는 것이다.

물론 애당초 무리하게 계획을 잡지 말아야 한다. 여유 있게 계획을 짜더라도 피치 못할 상황을 항상 염두에 두어야 한다. 실제로 정말 피치 못할 상황이 생겼을 땐 도대체 뭐라고 변명할 건가? 이미 양치기 소년이 되고 말았는데.

시간에 끌려 다니면 조급해지기 때문에 영업의 달인도 상황을 제대로 풀어가기 어렵다. 약속을 너무 빠듯하게 잡지 마라. 실수가 생긴다. 시간과 돈은 항상 예상보다 더 들어가게 되어 있다.

대다수 사람들은 아침에 일어나면서 하루의 계획을 세운다. 하지만 모든 계획이 작은 오차 하나 없이 순조롭게 진행되는 날은 하루도 없다. 사람은 하루에 약 30여 가지 일을 처리한다고 한다. 하지만 누구도 30여 가지 일 전부를 매끈하게 처리하지는 못한다. 단지 몸에 밴 습관과 생활의 노하우가 일을 처리할 수 있는 확률을 높여 줄 따름이다.

돈을 모으는 것 역시 그렇다. 은행의 적금 만기율은 가입자의 30%에 불과해 대부분 중도에 해지한다고 한다. 목표 지점까지 갈 확률이 30%니, 중도 하차율은 70%다. 그럼에도 누구나 적금을 시작할 때는 절대로 해약하지 않으리란 다짐을 한다. 이혼율이 아무리 높아도 결혼하면서 이혼을 생각하지 않듯이 말이다.

불안을 없애기 위해 불편은 감수하라

불안하면 어떤 일도 할 수 없다. 일을 하더라도 그르칠 확률이 높아진다. 그렇다고 일을 하지 않을 수도 없는 노릇이다.

자동차를 운전하면 교통사고가 날 확률이 그만큼 높아진다. 그렇다고 자동차가 발인 요즘 세상에 운전대를 잡지 않을 수는 없다.

앞으로 일어날지도 모르는 바람직하지 않은 상황에 대한 걱정, 그것이 리스크(risk)다. 보험은 그 리스크를 극복하거나 최소화하기 위한 시스템이다.

나는 고객과 상담하면서 다음과 같은 말을 한다.

'당신이 없어지면 가족에게 리스크가 발생한다. 가족이 살아가면서 받을 리스크가 20%라면 최소한 10%는 커버할 수 있도록 내가 도와주겠다. 내 제안을 받아들이면 쓸 수 있는 자금이 줄어들기 때문에 당신은 불편을 느낄 수도 있다. 그러나 그 대신 가족이 겪을 어려움에 대한 불안감은 덜 수 있다. 그 메신저가 나라고 생각하라. 편안한 노후를 대비하기 위해서도 마찬가지다. 불편은 감수해야 한다.'

경제적인 걱정 없이 노후를 맞이하는 것과 무일푼으로 노후를 맞이하는 것은 천지차이다. 설상가상으로 무일푼인 데다 건강까지 문제가 있다면 누가 당신을 돌보겠는가? 긴 병에 효자 없다는 말은 진실이다. 미래에 대한 불안을 덜려면 지금 당장의 불편을 감수하는 게 낫지 않겠는가?

이 말은 사무실에 앉아 머리를 싸매고 있는 후배들에게도 하는 말이다.

'일 나가지 않고 책상 앞에서 전화통만 노려보고 있으면 불안하지 않은가? 불안을 없애려면 불편을 감수해야 한다.'

입 벌리고 누워 있다고 홍시가 내 입으로 쏘옥 떨어지지 않는다. 달콤한 홍시 맛을 보기는커녕, 얼굴이며 옷자락이며 으깨진 과육으로 범벅이 되기 십상이다.

나가서 움직이면 최소한 불안감은 줄일 수 있다. 자신과 타협하지 마라. '나는 할 수 없다. 나는 하지 못한다' 라고도 생각하지 마라. 금전적인 면과 정신적인 면을 떠나 그 선을 넘느냐 못 넘느냐가 성공의 차이다.

아울러 본인의 손익분기점을 정확히 파악하고 있어야 한다. 최근

경기가 어려운 건 사실이다. 그렇다고 경기가 좋아지기만을 무작정 기다리고만 있을 수는 없다. 그럴수록 한 걸음 더 뛰어야 한다.

말하는 것을 두려워하지 마라

세일즈맨의 취약점 중의 하나는 고객 앞에서 위축되기 쉽다는 것
이다. 나 역시도 초보일 땐 그 문제로 많이 힘들었다.

각오와 달리 처음에는 누구나 당당해지기 어렵다. 그러나 시간이
지나고도 여전히 그 문제를 해결하지 못한다면 성공한 세일즈맨이라
는 타이틀과는 점점 멀어질 수밖에 없다.

자신이 연애를 할 때 어떻게 했는가를 한번 생각해 보라.

마음에 드는 사람이 생겼다. 아무래도 그녀(그)를 사랑하는 것 같
다. 자신의 마음을 알리고 싶은 마음에 그 사람의 주위를 빙빙 돈다.
그녀(그)가 지나갈 만한 거리에서 무작정 기다리기도 하고, 그녀(그)
가 이따금 들르는 카페에 가서 무작정 앉아 있기도 한다. 그렇게 빈

번히 마주치는데도 그 사람은 시큰둥하다. 왜일까?

바로 말로 표현하지 않았기 때문이다. 사랑은 마음으로도 할 수 있고 행동으로도 할 수 있지만, 결정적인 것은 언제나 말이다. 연인의 손을 잡고 "사랑한다"라고 말하는 것이다.

하긴, 꼭 말로 해야 아느냐고 반문할 수 있겠다. 하지만 상대방이 말로 하기를 원한다면 꼭 말로 해야 한다. 그 전에는 알아도 모른 체한다. 일단 "사랑한다"라는 말을 들은 다음에야 마음을 정하거나 움직이기 시작한다.

세일즈맨의 주목적은 세일즈다. 보험이든 자동차든 정수기든 목표 지점이 분명하다. 무엇보다 일단은 목표 지점을 향해 방아쇠를 당겨야 한다. 빗맞아도 할 수 없지만 쏘아 보지 않고서는 목표 달성을 꿈꿀 수 없다.

세일즈맨이 명함을 내밀면 그 사람이 어떤 일을 하는 사람인지 대번 안다. 하지만 직접적으로 보험에 가입하라고 권유하지 않으면 소용이 없다. 열 번, 스무 번, 백 번 방문해도 달라지는 건 없다. 그들은 "사랑한다"라는 말을 듣기 위해 고집을 부리는 애인처럼 끝끝내 그를 모른 체한다.

그러니 먼저 말하라. "나는 보험 세일즈맨이다. 보험을 팔러 왔다." 그렇게 당당히 밝히는 용기가 필요하다.

그런 다음 상품을 설명하고 권하라. 거절당할 것이 두려워 아무 말도 꺼내지 못한 채 돌아서는 사람은 평생 사랑을 얻지 못한다. 그러므로 거절을 당할 때 당하더라도 성의껏 권유해 보라. 단, 솔직하고 진술하게 다가서라. 정직하게 말해 거절당하는 것과 은근슬쩍 다가가 거절당하는 것은 다르다.

49% 말하고 51% 들어라

누군가에게 힘든 일이 생겼을 때 그를 도울 수 있는 방법은 그의 이야기를 들어주는 것이다. 그것이 해결책을 제시한다든가, 실질적인 도움을 주지는 못하더라도 상대방이 안정을 되찾는 데는 작은 보탬이 된다. 상대방에게 말을 하는 동안 자신의 문제가 정리되었던 경험은 누구에게나 있을 것이다.

목표 지향적인 남자들에 비해 여자들은 관계 지향적이다. 그래서인지 여자들이 남자들보다 자신의 이야기를 더 많이 하고 상대방의 이야기를 더 많이 들어준다. 그 어떤 치료약보다 수다와 경청을 통한 치유를 믿기 때문이다.

세일즈맨은 관계 지향적 사고를 해야 한다. 고객을 만날 때 말수는 줄이되, 귀와 마음은 열어 두라. 고객이 하고 싶은 말, 묻고 싶은 말을 다 할 수 있도록 배려하라. 그러면 고객에게서 진지하고 사려 깊다는 평가를 얻어 자동적으로 상담이 유리해진다.

동료들과의 관계에서도 마찬가지다. 동료의 말을 들어주는 동료가 되라. 동료는 나의 내부 고객이며 나와 같은 일을 하는 사람이다. 따라서 그들을 존중하는 것은 나를 존중하는 것이 된다. 그들에게서 배우고 그들과 나누어라. 한 사람이 평균적으로 100~200명 정도의 인맥을 관리한다고 볼 때 동료와 손을 잡으면 그만큼 인적 인프라가 확장된다.

그러므로 동료들과 시스템을 공유하라. 고객이든 이윤이든 독차지하려고 생각하지 마라. 공동 전선을 펴거나 공동 관리하는 편이 효율적이다. 시스템, 영업 정보, 스타일 등은 공유하는 게 여러모로 유익하다.

확률적으로 사고하고 행동하라

앞서도 말했지만 다시 한 번 강조한다. 절대 경험을 무시하지 마라. 보편타당한 논리에 입각해 전략을 세워야 한다. 10명 중 8~9명이 생각하고 행동하는 양식을 따라야 실패하지 않는다.

보험은 다른 분야와 달리 확률의 법칙에 의존한다. 반짝이는 아이디어는 10% 내지 20%로 한정하라. 보편타당성을 무시한 창조성은 범주에서 벗어난 것일 뿐이다. 보편타당성에 자신만의 창의성을 접목시켜야 효과를 극대화할 수 있다. 창의성이 보편성이라는 합리의 영역을 침범해서는 안 된다는 걸 명심하자.

누구나 한 가지 일을 반복하다 보면 일정 수준에 도달한다. 한석봉의 어머니가 어둠 속에서 고르게 떡을 썰 수 있었던 비결이 달리 있는 게 아니다. 한 가지 일에 매진하다 보니 저절로 감각이 생긴 것이다. 숱한 시행착오를 겪으면서 감각의 데이터베이스는 축적된다.

출산율, 암 발생률과 사망률, 자동차 사고나 업무상 재해를 당할 확률 등등 보험 에이전트라면 보험 분야에 적용할 만한 데이터를 확보하고 있어야 한다. 데이터를 읽으면 확률이 보인다. 항상 데이터를 염두에 두고 있으면서 확률적으로 생활하는 습관을 기르라.

주식이 오를 확률이 3~4%면 누구도 그 주식을 사지 않는다. 세일즈도 마찬가지다. 책상 앞에 앉아 있기만 해서는 계약을 성사시킬 확률이 낮아질 수밖에 없다. 전화통을 붙들고 여기저기 읍소해 봤자 신통찮다. 계약의 왕도는 없다. 발로 뛰어야 계약률이 높아진다.

질문을 많이 하는 세일즈맨이 되어라

적을 알고 나를 알아야 전략을 세울 수 있다. 고객의 명함이나 회사의 간판만으로는 그 고객을 알 수 없다. 고객은 아직 수수께끼 같은 존재다. 고객의 수수께끼를 풀려면 질문을 던져야 한다. 그것도 한정된 시간 안에 해야 한다.

질문은 예의에 어긋나지 않으면서도 자연스럽게 하라. 고객이 뭔가를 캐묻는 듯이 느끼지 않도록 해야 한다. 고객의 말을 집중해 듣고 있다는 표시로 중간 중간 가볍게 고개를 끄덕이거나 짧게 반문하는 것도 잊지 마라.

고객을 만나고 오면 그 고객에 대해 연구해야 한다. 관심 분야, 도움이 될 만한 정보, 심지어 선호하는 의류 브랜드나 문화적 취향까지도 알아내야 한다. 생활방식을 알면 고객이 어떤 상품에 관심을 보일지 짐작할 수 있고, 다음번 미팅할 때 그 상품의 장단점을 브리핑하면서 계약에 한 걸음 더 다가설 수 있는 것이다.

질문을 통해 고객에게 필요한 것이 무엇인지 정확히 파악해 컨셉트를 가지고 들어가라. 본인에게 필요한 것이 무엇인지를 환기시키는 것이 중요하다. 영업을 잘하는 사람은 처음부터 상품 이야기를 꺼내지 않는다. 질문을 던져 스토리화한 다음 고객의 욕구를 충족시켜주는 상품을 선택하도록 유도한다.

원칙을 준수하는 사명감으로 일하라

내가 고객에게 실수하면 다른 보험 에이전트도 같은 취급을 받는다. 간혹 언론에 에이전트들의 잘못된 관행이 보도될 때가 있는데, 가까운 지인들도 이전에 겪었던 에이전트의 실수를 들먹이며 불쾌했던 기억을 토로하기도 한다.

고객의 입장에서는 오해할 만한 일이 생길 수도 있다. 지나치다 싶을 정도로 꼼꼼히 원칙을 준수하라. 사명감은 원칙 준수라는 말과 동의어라 해도 과언이 아니다. 혹시라도 나중에 오해로 인한 불미스러운 일이 발생하지 않도록 상품을 정확하게 설명하라. 그리고 고객이 정확하게 이해했는지 확인하라.

무심코, 또는 편의상 절차를 건너뛰는 실수를 저지르면 안 된다.

그런 실수로 곤혹스러운 사태에 직면했다면 에이전트로서 사명감이 부족했다고 자책해야 한다. 고객의 손으로 처리하거나 고객이 직접 사인해야 할 부분은 고객에게 맡겨야 한다. 설령 고객이 대리로 부탁하더라도 사양하라. 서로 믿고 한 일이라도 나중에 엉뚱한 문제로 불거질 수 있다.

거짓말쟁이라든가 사기꾼이라는 말을 듣는다면 에이전트로서 끝이다. 사람이 살다 보면 거짓말을 하지 않았더라도 사소한 무신경 때문에 거짓말을 한 상황으로 오해받는 처지에 놓이기도 한다. 계약서를 작성할 때는 특히 그 점에 주의를 기울여야 한다. 철저하게 원칙을 지켜 혹시 일어날지도 모를 불미스러운 오해를 사전에 차단하라.

내가 일하는 방식이나 태도가 업계 전체의 평판으로 연결된다는 점을 잊지 마라. 누구든 자기 한 사람의 잘못으로 업계 동료 전체의 누가 되어서는 안 된다. 내가 곧 보험업계에 종사하는 모든 에이전트들의 대표라고 인식하라.

우리는 도둑놈이라는 말에 별다른 거부감을 느끼지 않는다. 세 살짜리 아이라도 도둑질이 나쁜 짓이라는 건 안다. 그렇기 때문에 '놈'이라는 접미사를 지당하게 받아들이는 것이다.

그러나 보험쟁이라든가 보험꾼이라는 말은 그렇지 않다. 부당한 손가락질을 당했을 때처럼 가슴이 아프다. 대표 의식이 없는 소수 에이전트의 과오가 대다수 성실한 에이전트들의 낯을 부끄럽게 만들었다 싶어 화도 난다.

나는 보험쟁이라는 말을 듣고 싶지 않다. 보험인, 또는 보험사라고 불리고 싶다. 고객의 신뢰와 존경이 담긴 호칭으로서 말이다. 후배들에게는 전통과 마음에서 우러나오는 자긍심을 심어 주고 싶다. 나 한 사람이 좀 더 노력하면, 각자가 자신의 비전과 사명감을 갖고 좀 더 노력하면 앞으로는 그렇게 될 것이다.

보험업계에 훌륭한 재원들이 많이 입사하는 현 상황은 이 업계의 밝은 전망을 말해 주는 반증이라고 생각한다.

고객에게 현실적인 조언을 하라

에이전트로서 자리를 잡아 가는 요즘에는 친구들 쪽에서 나를 찾는 일도 늘었다. 재정 문제와 관련한 조언을 구해 오기도 한다.

보험 에이전트는 재무 코디네이터다. 꿈을 키워 주는 역할도 중요하지만 때로는 자신의 능력에 맞게 꿈을 조정해 주는 역할을 해야 할 때도 있다.

30대 중후반인 내 친구는 대기업 과장 직급을 달고 있다. 연봉은 6,000만 원으로 월 400~500만 원의 월급을 받는다. 월급 외의 수입은 아무것도 없다. 어떻게 하면 부자가 될 수 있을까 궁리하는 그 친구에게 60세가 되었을 때 어떤 모습이기를 바라느냐고 물었다. 친구의 꿈은 야무졌다.

"첫째, 한 30~40평대 아파트는 있어야 하지 않을까?"

"그렇다면 10억 안팎이 필요하지."

"둘째, 임대료 수입을 바라볼 만한 상가 건물도 한 채."

"그것도 10억은 쥐고 있어야 가능하고."

"셋째, 월 300만 원 정도의 연금이 나오면 좋겠다."

"그것 역시 10억 정도 예치되어 있어야 가능해."

"넷째, 현금이 한 10억 정도 있으면 금상첨화겠다."

"설마, 농담이겠지?"

친구의 마음을 상하게 할 의도는 전혀 없었지만 내 대답은 정직하고 단호했다.

"꿈 깨시게!"

현재의 수입으로는 말이 안 되는 소리였기 때문이다. 그 정도 수입으로 그런 꿈을 꾼다는 것 자체가 잘못된 발상이다. 직업을 바꾸든지 죽어라고 돈을 더 벌든지 하라고 충고한 다음 현실적인 첨삭지도로 들어갔다.

"자, 네 첫 번째 꿈은 작금의 아파트 시세로는 이루기 어려워. 5억 선으로 낮추면 가능할지 모르겠다. 두 번째 꿈? 로또에 당첨되지 않는 한, 상가는 포기하는 게 좋아. 세 번째 연금은 지금부터 준비하면 월 100만 원 정도는 가능할 거야. 현금은 모르겠다. 이 범위 안에서 계획을 세워."

친구는 꽤 실망한 눈치였다.

실망스러울지 모르지만 망상은 깨야 한다. 그것이 정직한 에이전트의 역할이다. 에이전트는 고객이 듣기 좋은 말을 해 주는 사람이 아니다. 진정으로 고객에게 도움을 줄 수 있는 현실적인 조언을 해 주는 것이 에이전트의 바람직한 자세임을 기억해야 한다.

당당한 장인 정신으로 작은 것에도 최선을 다하라

이상한 말 같지만, 나는 선비 정신보다 사무라이 정신을 더 좋아한다. 사무라이 정신은 장인 정신과 일맥상통한다. 그리고 보험 영업은 장인 정신이 없으면 할 수 없다.

누구에게나 저마다 타고난 못된 성질이 조금씩은 있는 법이다. 이 책의 여러 곳에서 보험 에이전트로서 갖추어야 할 덕목을 나열하고 있긴 하지만, 솔직히 말해 나라고 항상 매뉴얼대로 움직이는 것은 아니다. 고집 있는 성격인지라 공연한 오기를 부릴 때도 있다.

그러나 '가입해 주겠다' 라고 생색내듯 말하는 계약자 앞에서 계약서를 덮어 버리는 것은 불완전한 나의 고집이나 오기에서 나온 무례한 행동이 아니다. 보험 에이전트로서의 자긍심, 보험에 대한 장인

정신에 상처를 입었다고 생각하기 때문이다.

따라서 나는 "가입해 주죠"라고 거만하게 말하는 고객에게 속으로 외친다.

'무슨 말씀? 나는 당신의 미래를 위해 보장을 전달하고 있다. 이건 당신을 위한 보험이지 나를 위한 보험이 아니다. 당신은 나를 위해 보험을 드는가?'

보험은 '가입해 주는' 것이 아니다. '가입하는' 것이다. 보험 가입이 열심히 보장을 설명한 에이전트에게 은혜를 베푸는 것인 양 착각하는 사람들이 있다. 좋은 마음으로 '가입해 주는' 것이라 할지라도 그럴 땐 그만 사양하고 싶어진다. 마음이 문제가 아니라 의식이 문제인 것이다.

친지 중 한 분의 가입을 그런 이유로 거절한 적이 있다. 물론 계약을 하면 내 실적이 올라가고 내 몫의 수수료도 받을 수 있다. 하지만 나는 사인하기 직전에 계약서를 덮었다.

"다시 한 번 잘 생각해 보십시오. 그런 다음 이 보험이 정말 꼭 필요하다는 확신이 들면 그때 가입하셔도 늦지 않습니다."

그분은 어안이 벙벙했겠지만, 어쩌면 내가 몹시 괘씸했을지도 모르지만 나는 에이전트로서 해야 할 말을 했을 뿐이었다.

납입금 정도는 수중에 있어도 그만, 없어도 그만일 재력가일지라도 그런 마음으로 보험을 드는 것이라면 한번 다시 생각해 보기 바란다.

50 대 50의 대등한 위치에서 자신 있게 상대방을 대하도록 하라.

세일즈는 팔아달라고 부탁하는 입장이 아니다. 당당하게 대처해야한다. 고객이 계약을 하게 될 경우 어떤 부분이 유리하고 어떤 부분이 불편한지를 정확히 설명해야 한다. 고객이 이해를 못하면 이해할 때까지 몇 번을 되풀이해서라도 설명해야 한다.

'보험이 마음에 안 드는 이유는 딱 한 가지, 다달이 일정한 돈을 납입해야 한다는 것이다. 그러나 그 대가는 반드시 가입자에게 되돌아온다. 어떤 형태로 돌아오든 10배, 20배, 100배의 부가가치로 돌아온다. 가입자가 돌려받지 못한다고 해서 손해 보는 일이라고 생각하지 마라. 가입자가 돌려받지 못하더라도 사랑하는 가족이 돌려받지 않는가? 그러므로 에이전트는 보장을 권하는 것이지, 보험을 들어 달라고 구걸하는 것이 아니다. 당사자가 필요해 드는 것이 보험이다.

주위의 친구를 보면 한때는 잘나가던 친구가 고전을 면치 못하는가 하면, 반대로 바닥을 치고 일어서는 친구가 있다. 이런저런 세상 돌아가는 모양을 들여다보노라면 일정한 흐름이나 주기라는 게 있는 것 같기도 하다.

내가 관찰하기로, 사람의 명운은 대체로 10년 단위 사이클로 움직이는 듯하다. 경제 사이클은 인생 사이클보다 짧아 대략 5년 단위가 아닐까 싶다. 거기에 맞춰 대비하는 것도 유비무환의 지혜가 아닐까?

나는 34세까지 아주 힘들었다. 2003년까지는 번 돈의 대부분을 이전의 사업 빚 갚는 데 쓰느라 손도 대지 못했다. 막 태어난 아이는 체중 미달인 데다 산모의 영양 상태도 썩 좋지 않았다. 보험 세일즈에 대한 편견이 있는 친구들은 나를 비웃었을 것이다. 그때 내 마음속에는 '두고 봐라'는 오기가 있었다. 어쩌면 그 시절 품었던 오기가 오늘의 나를 만들었을지도 모른다. 그러나 나는 무사 정신, 장인 정신이 나를 이만큼 키웠을 것이라고 생각하고 싶다. 40대 중반쯤에는 내가 또 어떤 위치에 있을지 알 수 없다. 다만 나는 '너의 오늘 하루는 10년 전 너의 하루의 결과'라는 말을 믿는다.

농부의 근면성보다 농사의 법칙을 배우라고?

틀린 말은 아니다. 하지만 내 경험으로는 근면성이 먼저라고 생각한다. 물론 근면하면서 농사의 법칙까지 안다면 금상첨화일 테지만 말이다.

농부가 씨를 뿌리는 마음으로 일하라. 그 넓은 밭, 도무지 끝날 것 같지 않은 일을 해내는 농부를 보면 마음이 절로 숙연해진다. 그 지구력과 성실한 노동, 정녕 위대하지 않은가?

농사를 짓는 마음과 장인이 칼날을 벼리는 마음은 상통한다. 무엇이든 끝까지 하라. 한방주의는 금물이다. 작은 계약이라도 최선을 다해야 한다.

사자는 토끼 한 마리를 쫓을 때나 얼룩말을 쫓을 때나 똑같이 최선을 다한다. 사자처럼 최대한 집중하라.

다양한 고객 관리 기술을 계발하라

고객이 많아지면 고객 관리에 더욱 신경을 써야 한다. 추석이나 설 같은 명절에 택배로 선물 상자를 보내는 것이 고객 관리라고 생각하면 안 된다. 물론 그것조차 안 하는 것보다는 훨씬 낫겠지만 말이다. 그보다는 고객이 정말 나를 찾게끔 만들어야 한다.

내 고객의 수는 대략 600명이다. 딴에는 고객 관리를 한답시고 하루에 1명과 밥을 먹는다고 한다면 600명과 식사를 하는 데만도 꼬박 2년이 걸린다. 2년에 고작 한 번 만나 어떻게 관리를 잘했다는 소리를 듣겠는가?

나는 고객에게 나를 적극적으로 활용하라고 말한다.

"저는 언제나 고객 곁에 있습니다. 정보가 필요하거나 제가 도울 수 있는 일이 생기면 언제든지 연락하십시오. 문자를 보내서도 좋고, 전화를 주서도 좋습니다."

하지만 고객과 계약하기 위해 쓸데없는 약속을 남발하면 안 된다. 계약이 성사된 데 대한 고마움으로 듣기 좋은 약속을 남발하는 것도 금물이다. 내가 해 줄 수 있는 것과 없는 것을 분명히 알려야 한다. 그렇지 않으면 빈말이 되고 만다. '들어갈 데 마음 다르고 나올 때 마음 다르다'는 속설을 실천해 계약 전과 계약 후가 다르다는 원성을 듣지 마라. 업계의 다른 동료들이 도매금으로 넘어갈 수 있다.

내 고객은 다양한 직업, 다양한 연령대, 다양한 능력을 가진 자기 분야의 전문가들이다. 따라서 고객 상호간에 도움을 주고받을 수 있는 기회를 만들 수 있다.

나는 고객에게 도움이 되기만 한다면 자신이 잘 모르는 분야의 정보가 필요한 고객과 그 정보를 다루는 고객을 연결하는 메신저가 기꺼이 될 생각이다. 그러려면 고객이 내게 먼저 다가오도록 유도하는 게 중요하다. 나를 200% 활용하는 고객이 있는가 하면, 전혀 활용하지 않으면서 관리를 해 주지 않는다고 서운해 하는 고객도 보았다.

평소 알고 지내는 후배 에이전트는 1년에 한 번 고객을 위한 이벤트를 연다. 호텔 뷔페에 초대해 고객 사은잔치를 하는 것이다. 그는 단순히 식사와 와인을 대접하는 데서 그치지 않고 고객이 관심을 가질 만한 프로그램을 짠다. 부동산 강의라든가 세무 관련 강의는 인기 만점이다. 식사와 간단한 선물을 받고 돌아가는 고객의 기분이 어떨

지는 삼척동자라도 알 수 있을 것이다.

고객 관리 시스템이나 기술은 이렇듯 다양하다. 어떻게 하면 좀 더 고객을 위해 도움이 되는 에이전트가 될 수 있을지 연구하는 자세가 필요하다.

3대를 물려준다고 생각하고 영업하라

유럽의 유서 깊은 가문이 그러하듯, 미국의 중산층도 가족 주치의와 회계사를 두고 있다. 거기에 보험사도 들어간다. 한국의 경우는 아주 부유층이라야 주치의를 두는 정도다. 법인이나 회사 차원에서야 당연히 전담 회계사를 두지만 개인적으로는 재산 공개를 꺼리므로 회계사를 두는 경우는 거의 없다. 하지만 조만간 한국도 미국처럼 되리라고 본다. 내 아들 대나 늦어도 손자 대에는 가능하지 않을까 생각한다.

전담 보험사를 두는 가족 전통 덕에 미국이나 유럽에는 3대, 4대를 이어가는 보험 명문가가 존재한다. 대대로 보험 에이전트를 배출한 명문가라니 우리와는 인식이 사뭇 다르지 않은가?

미국은 명망 있는 보험 에이전트를 도덕적인 로비스트로 인정한다. 이는 보험 명문가로 성장하기까지 누적된 수많은 고객 명단이 거대한 인적 인프라를 형성하고 있기에 가능한 일이다. 보험 명문가 출신 에이전트를 통하면 해결되지 않는 일이 없다고 말할 정도다.

보험 상품을 통한 보장을 전달하면서 에이전트는 가족의 모든 것을 속속들이 알게 된다. 그렇게 수십 년간 지속된 고객과 에이전트의 관계는 돈독해질 수밖에 없다. 어떤 의미에서는 가족보다 더 돈독한 유대관계를 형성하고 있다고도 할 수 있다. 그런 만큼 가족 전체에 대한 검증된 정보 축적은 지극히 자연스러운 현상이다. 보험 에이전트가 전방위 로비스트로 활약할 수 있는 건 바로 그 신뢰할 만한 정보 덕분이다.

나는 최근 2대 플랜을 경험했다. 연세 지긋하신 원장님의 자제분을 내 고객으로 모시게 된 것이다. 좀 더 시간이 지나면 그 자제분의 아들이 내 고객 명단에 오를 날이 오지 않을까 한다.

'사람이 재산이다' 라는 말을 많이들 한다. 세일즈맨이라면 특히 맞는 말이다. 세일즈를 하면 할수록 재산은 불어난다. 더 많은 사람을 알게 되고 더 많은 사람과 공감하기 때문이다. 그래서 나는 이 일을 아주 오래 할 생각이다. 그래서 훗날 내 아들에게 내 재산(고객)을 물려주고 싶다. 그리고 내 아들이 다시 자신의 아들에게 더 불어난 재산(고객)을 물려주었으면 하는 바람이다.

사실 대한민국에서 보험 세일즈란 사고가 확 열려 있지 않고서는 받아들이기 어려운 직업군에 속한다. 지금도 자식이 보험 세일즈를 하겠다고 나서면 흔쾌히 허락할 부모가 그리 많지 않을 것이다. 이제는 그분들도 인식이 바뀌었지만 나만 해도 내 처가는 말할 것도 없고, 친가에서도 탐탁지 않게 여겼다.

그러나 나는 보험 세일즈가 3대, 4대 대를 잇는 가업이 되기를 바란다. 그리하여 나의 아들, 나의 손자 대에는 대한민국 최고의 보험 명문가로 불리고 싶다. 그래서 내 집안의 정보력이라면 확실하다는 인정을 받으며, 완벽한 인적 인프라의 허브, 그 정점에 서는 것이 내 희망이다.

나를 사랑하라

사람마다 스트레스를 해소하는 방법은 제각각이다. 수다로 푸는 사람도 있고, 친구와 술잔을 기울이는 사람도 있다. 만화책을 잔뜩 쌓아 놓고 보는 게 긴장 해소에 도움이 된다는 사람도 있다. 무엇이든 좋다. 부족한 수면을 취할 수도 있고, 사우나에 가서 묵은 피로를 풀 수도 있다.

나는 여행을 좋아하는데, 출장을 자주 다니므로 별도로 시간을 내지 않더라도 여행 기분을 즐길 수 있어 좋다.

전에는 고향인 부산으로 출장 가면 할머니 댁이나 부모님 댁에서 묵었다. 하지만 요새는 따로 나와 숙소를 잡는다. 혼자 있는 시간을 만들기 위해서다. 혼자 있으면 영화를 보든 늦잠을 자든 느긋하게 시간을 즐길 수 있다.

사람과 늘 밀착되어 있는 직업인지라 가끔은 그렇게 나를 텅 빈 공간으로 몰아 넣을 필요가 있다.

평소에는 고객과 함께 식사하는 것을 원칙으로 삼고 있다. 월요일에서 금요일까지 점심과 저녁, 토요일 점심, 모두 열한 번의 식사시간에 고객과 약속을 잡되, 점심과 저녁 한 끼는 비워 둔다. 갑자기 약속을 변경할 수밖에 없는 고객을 위해 비상용으로 남겨 두는 것이다. 그러나 꼭 그 이유만은 아니다. 그렇게 비워둔 두 끼 중 한 끼는 가급적 동료들과 식사를 하면서 친목을 도모한다. 남는 한 끼는 특별한 사정이 생기기 않는 한 나를 위한 시간이다.

나는 그 시간을 전적으로 나를 위해 사용한다. 휴식을 겸한 재충전의 시간으로 삼는 것이다. 열심히 일한 나, 무인도로 보내 주지는 못하더라도, 일주일에 반나절 정도 나를 위해 할애할 권리는 누려야 하지 않겠는가? 그리고 연말이 다가오면 스스로에게 ‘1년 동안 애썼는데, 무슨 선물을 받고 싶지?’ 라고 묻는다.

나는 내가 갖고 싶은 물건을 사서 내게 선물한다. 그럼으로써 1년 동안 열심히 일한 나를 위로하고 격려한다. 내가 나를 사랑하는 방식이다.

“남들에게 존중받고 싶다면 먼저 스스로를 존중하라.”

러시아의 대문호 도스토예프스키의 말이다.

내가 만나고 싶은 내일의 나

어릴 때의 소원을, 젊어서의 소망을 지금 현재 목표로 만드는 일은 정말 소중하다.

앞에서도 언급했듯이 나는 두 가지 목표가 있다. 그중 하나는 보험 명문가로 자리 잡는 것이다. 완벽한 인프라의 허브가 되고 싶다는 말이다.

전설적인 보험 에이전트들은 도덕적인 로비스트들이다. 도덕적인 로비스트란 사람과 사람이 만났을 때 양쪽 모두 유리하게끔 돕는 교두보적인 사람을 말한다. 이는 집안과 집안, 조직과 조직이 서로 필요로 하는 정보망을 구축하고 있어야 가능하다.

두 번째 나의 목표는 완벽한 보장을 전달하는 것이다. 보험 자체의 보장성에 한계가 있다는 의미가 아니라, 한번 내 고객이 된 사람이라면 그의 일생을 끝까지 보장해야 한다는 완결적 의미를 가진다.

평범한 샐러리맨을 예로 들어 보자.

어느 날 그가 사랑하는 가족을 남겨 두고 떠났다. 다행히 종신보험을 들었기에 남은 가족의 리스크를 어느 정도 메워 줄 수 있었다. 그러나 그것으로는 부족하다. 보험금이 그 가족의 버팀목이 되어 주긴 하겠지만 한정된 금액으로 향후 일어날 모든 지출을 다 메울 수는 없다. 1억이나 2억의 보험금은 당장에만 큰돈이지, 일정한 수입 없이 지출만 계속되는 상황에서는 영구히 기댈 만한 큰돈이 아니다.

가족을 두고 떠난 가장의 직업이 의사였다 할지라도 경제 기반을 구축하기 전이라면 길바닥에 나앉기 십상이다.

나는 내 고객이 떠나더라도 그 고객의 가족이 보호받을 수 있으려면 어떻게 해야 할까를 자주 생각해 보는데, 나름대로의 구상은 이렇다.

서울 외곽의 전철이 미치는 곳에 100세대 규모의 아파트 한 동을 짓는다. 지나친 낙관으로 들릴지 모르지만, 공사비의 절반은 은행 대출로 해결할 수 있을 것이다.

은행 대출 이자, 감가상각비, 재건축 예비비 등을 고려한 실비 선에서 100세대 중 90세대는 저렴한 임대료와 보증금으로 분양한다. 수익을 목표로 하지 않으니 분양가를 최대한 낮출 수 있으리라 기대한다.

나머지 10세대는 살아 있었을 때 나와 인연을 맺었던 사망 고객의 가족이 입주하게 한다. 그렇게 해서 최소한 아이들이 클 때까지라도 주거비 부담이나 이사 다닐 걱정 없이 지내게 하고 싶다.

대한민국은 주거 부담이 큰 나라다. 정상적인 급여 생활자라 하더라도 내 집 마련은 쉽지 않다. 그 부담을 최소로 덜어 준다면 다른 꿈을 이루기 위해 전력을 다하는 데 보탬이 되리라 믿는다. 이것이 내가 생각하는, 내 고객들을 위한 주거 보장의 개념이다. 그리고 노후연금 수령 시기가 된 고객들도 이 아파트에 모셔 집이 없어도 노후연금만으로 생활이 가능하도록 하고 싶다.

너무 황당한가? 하지만 미국에 그런 사례가 있다. 우리라고 못할 게 어디 있겠는가? 나는 현재 마음이 맞는 에이전트 몇 명과 그 꿈을 이루도록 계획을 세워 보는 중이다. 공통 투자 방식으로 자금을 마련하고, 이윤을 추구하지 않는다면 가능할 것 같다는 계산이다. 그것이 내가 생각하는 진정한 의미의 종신보험이다.

마지막으로 새롭게 추가된 목표가 하나 더 있으니, 바로 자선병원을 짓는 것이다. 우리나라에는 1인당 국민소득 2만 불을 바라보는 시대에도 돈이 없어 치료를 못 받는 사람이 너무 많다. 실비로 치료를 제공하는 병원 경영을 희망하게 된 건 그래서다.

나는 내가 후원하는 아이들이 열심히 공부해 의료계로 진출하기를 바란다. 그 아이들이 의사나 간호사가 되어 그 병원에서 같이 일했으면 좋겠다. 병원은 정상적인 급여를 제공하고 기본적으로 운영될 정도면 족하다. 그래서 가능하면 많은 아이를 지원하는 게 내 구체적인 목표 중의 하나다.

몽골이나 아프리카의 빈곤 아동들을 돕는 사업도 중요하지만 최근에는 국내의 아동들에게도 더욱 큰 관심을 보여야 할 때라고 생각한다. IMF 사태를 겪고 다시 경제적 불안이 가중되는 상황에서 빈부격차가 날로 심화되고 있기 때문이다.

보험을 매개로 사회 환원이 가능한 방법을 다각적으로 찾아보고 권유하는 것도 보험 에이전트로서 할 수 있는 사업이다. 수익자를 지정하는 종신보험도 이에 해당한다. 바로 종신보험금을 장학금으로 전환한다거나 어려운 단체에 사후 기증하는 방식으로 활용하는 것이다. 현재 그런 상품이 이미 나와 있어 여유가 있고 기부에 관심이 많은 고객들에게 이 상품을 권유한다.

기왕이면 형편이 되고, 또 누군가에게 따뜻한 메시지를 남기고 세상을 떠나고 싶은 사람들이라면 그런 상품에 관심을 가질 수 있을 것이다.

행복한 사회를 위해 조그만 일이라도 실천할 수 있다면, 그것은 결국 나를 행복하게 하는 것이다. 나는 행복한 인간이다.